HEYNE KRIMI

ALFRED HITCHCOCK PRÄSENTIERT:

EIN DUTZEND FÜR DEN HENKER

Kriminalstories

WILHELM HEYNE VERLAG
MÜNCHEN

HEYNE-BUCH Nr. 1748
im Wilhelm Heyne Verlag, München

Titel der amerikanischen Originalausgabe
A HANGMAN'S DOZEN
Ins Deutsche übertragen von Christiane Nogly

4. Auflage

Neuauflage des Heyne Taschenbuches Nr. 1097

Printed in Germany 1977
Umschlag: Atelier Heinrichs, München
Gesamtherstellung: Ebner, Ulm

ISBN 3-453-10340-8

INHALT

Liebe Leser!

Wie Sie wissen, habe ich die Kriminalität und ihre Methodik seit vielen Jahren studiert. Nun hörte ich kürzlich von gewissen wohlinformierten Leuten, daß das Verbrechen in den Vereinigten Staaten ein fast unglaubliches Ausmaß angenommen habe.

Dazu muß ich sagen, daß es sich hier um eine sehr allgemein gehaltene Feststellung handelt; noch dazu eine, die mich konsequenterweise zwingen könnte, einen anderen Beruf zu ergreifen. Immerhin darf ich Ihnen versichern, daß das Ausmaß der Kriminalität vielleicht wesentlich größer ist, als es die örtlichen und überregionalen Strafverfolgungsbehörden wahrhaben wollen. Die Ursache für diesen bedauerlichen Zustand wäre in der Tatsache zu erblicken, daß niemand die Zahl der perfekten Verbrechen statistisch nachweisen kann.

Eben weil das perfekte Verbrechen weithin unbekannt bleibt, habe ich mich dazu entschlossen, zu Ihrer Aufklärung und Erbauung dieses kleine Essay zu schreiben. Ich habe große Achtung für das Verbrechen und für die Menschen, die darin verwickelt sind. Unter diesen Umständen kann ich achtlose und unüberlegte Verbrechen nur beklagen. Sie entbehren der Feinheit und der Raffinesse, ihnen fehlt der Sinn für Proportionen und das Gefühl für Vollkommenheit.

Wenn jemand einen »Job« ausführen will, tut er gut daran, sich Gedanken über eine sorgfältige Vorbereitung zu machen. Ich habe einmal gelesen, daß das erste Verbrechen die Ermordung eines jungen Mannes durch seinen Bruder war. Der Bruder leistete schlechte Arbeit, seine Tat wurde schnell bekannt, und er fand seine verdiente Strafe. Ein gutes Beispiel dafür, daß man sich alle Möglichkeiten sorgfältig überlegen sollte. Im Laufe meiner langjährigen Bemühungen hatte ich das Vergnügen, eine beträchtliche Anzahl krimineller Typen in Augenschein zu nehmen: Betrüger, Taschendiebe, Mörder und eine Menge anderer Spezialisten. Diese Herren — und Damen — haben mich auf einen einzigartigen Weg geführt. Ich habe erreicht, daß sich ihre Verbrechen auszahlten ... für mich ... aber damit nicht genug, fühlte ich stets den Wunsch, es ihnen in ihren Berufen gleichzutun.

Endlich kann ich melden, daß es mir gelungen ist. Ich habe ein perfektes Verbrechen begangen. Ohne Furcht, auf Widerspruch zu stoßen, darf man feststellen, daß jedermann den Wunsch hat, der Beste auf seinem Gebiet zu sein — und in diesem Beruf, dessen Ausübung sich außerhalb der Gesetze unserer Gesellschaft vollzieht, stellt das perfekte Verbrechen die wahrhafte Krönung einer Laufbahn dar. Das perfekte Verbrechen ist dem Royal Flush des Pokerspielers gleichzusetzen, dem Golfschlag, der den Ball auf Anhieb ins Loch treibt, dem klug eingefädelten Torschuß in einem Weltmeisterschaftsspiel.

Ich plante es seit vielen Jahren, arbeitete unaufhörlich an meiner Vervollkommnung, um einen durch nichts getrübten, fehlerlosen Ruf zu gewinnen. Während der ganzen Zeit lebte ich nur für diese eine Tat, diesen einen Augenblick. Schließlich erreichte ich mein Ziel, endlich habe ich ...

An dieser Stelle meines kleinen Essays hatte ich die Absicht, aus meiner persönlichen Erfahrung zu illustrieren, wie ungeheuer schwierig es für einen einzelnen ist, eine solche Tat zu begehen — die Schwierigkeiten und Gefahren, denen man ins Auge sehen muß, wenn man einen Fuß auf diese unsicherste aller Straßen setzt — aber, bedauerlich, das sagen zu müssen, mein Anwalt informierte mich, daß es einem offenen Geständnis gleichkäme, wenn ich eine derartige Beschreibung gäbe. Es kommt hinzu, daß der örtliche Staatsanwalt meine bescheidenen Schreibübungen mit größtem Interesse verfolgt.

Daher fürchte ich, daß ich mich der weiteren Behandlung dieses Gegenstandes enthalten muß. Doch nachdem wir nun schon so weit zusammengekommen sind, werden Sie mir hoffentlich die Freundlichkeit erweisen, die folgenden Seiten zu lesen. Ich kann Ihnen eine schauerlich gute Unterhaltung versprechen.

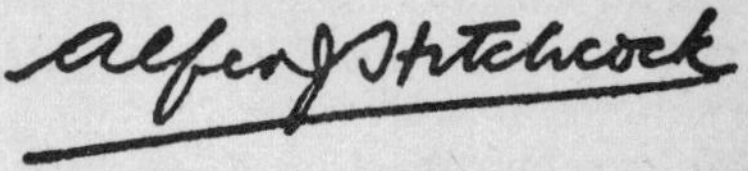

CHARLES EINSTEIN

Die Dummen werden nicht alle

Wenn ich mich recht erinnere, habe ich in meinem ganzen Leben noch nie eine Brücke gekauft. Ich weiß daher nicht, wie herrlich es sein muß, Besitzer einer Brücke zu sein. Ganz sicher verschafft es einem ein völlig neues Lebensgefühl. Doch gestatten Sie, daß ich Ihnen jetzt Mr. Holland und seinen Kumpan Arch vorstelle, die den Drang haben, Ihnen etwas von bleibendem Wert zu verkaufen; zum Beispiel den Mississippi mit seinen Brücken und Nebenflüssen.

Als wir mit dem Schiff von Liverpool kamen, brachte mein alter Schulfreund Arch, mit dem ich auf den Straßen New Yorks zusammen aufgewachsen bin, das Gespräch auf O. Henry.

»Der Jammer ist«, meinte Arch zu mir, »daß du dir nichts aus Büchern machst. Sonst wüßtest du, daß es auch in New York genug Dumme gibt. Deiner Meinung nach existieren sie nur in anderen Gegenden. O. Henry hat das schon vor fünfzig Jahren besser gewußt.«

»Dann erzähl mir etwas von deinem O. Henry.«

»Er hat geschrieben«, sagte Arch, »daß zwar im Westen in jeder Minute ein Dummkopf geboren wird, daß sie sich aber bei uns in New York wie die Kaninchen vermehren. Sie liegen winselnd auf dem Boden und zetern, wenn du nur einen Moment zögerst, ihnen ihr Geld abzuknöpfen.«

»Das mag vor fünfzig Jahren so gewesen sein«, sagte ich ohne sonderliches Interesse.

»Das ist typisch«, meinte Arch verdrießlich, »Leute wie du werden nie begreifen, daß die alten Methoden häufig die besten sind. Wir sollten uns das bei diesem Ausflug hier immer vor

Augen halten. Anstatt den Salon nach kleinen, alten Damen aus Nebraska und Toledo zu durchkämmen, sollten wir uns auf die Jagd nach einem smarten New Yorker Geschäftsmann begeben.«

»Die New Yorker sind nicht von gestern«, sagte ich. »Kannst du dir vielleicht vorstellen, daß man einem Burschen aus New York ein Pfündchen Uran verkaufen kann? Oder, daß er unser beliebtes Angebot mit dem Luftreise=Bestattungsdienst an=nimmt?«

»Nein«, mußte Arch zugeben. »Ich dachte auch mehr an die älteren Methoden. Wie ich dir eben schon gesagt habe, sind die alten Methoden nicht die schlechtesten. Ich muß dabei an deinen Onkel denken, der mit Erfolg den simplen mexikanischen Trick mit drei Karten auf einer Zeitung auf dem Dach der Unter=grundbahn in der Seventh Avenue und in der Forteenth Street vorführte.«

»Du meinst meinen Onkel Herbert Holland«, sagte ich ge=dehnt. »In meinen Augen ist seine Technik sehr stümperhaft gewesen. Er glaubte, der Polizei lediglich dadurch zu entgehen, daß er vom Dach der U=Bahn ins Innere der Bahn verschwand.«

»Ich dachte an seinen Namen und nicht an seine Technik«, meinte Arch. »Ich würde vorschlagen, daß du für den Rest der Schiffsreise seinen Namen annimmst. Du wirst ab sofort Mr. Holland sein. Heute abend werden wir mit einem Herrn, den ich hier an Bord gesehen habe, ein wenig pokern. Sein Name ist Worthington T. Jones. Er ist der Vorsitzende des Vorstandes von mehreren New Yorker Banken und macht einen sehr netten Eindruck. Wir werden Mr. Jones häufig gewinnen lassen. Du darfst auf keinen Fall vergessen, daß du Mr. Holland bist. Über=laß mir nur alles Weitere.«

Selbst wenn man sich ein Leben lang mit diesem Gewerbe ab=gegeben hat, stößt man hin und wieder auf Menschen, denen man nur sehr ungern das Geld aus den Taschen zieht. Mr. Worthington T. Jones war einer von dieser Sorte. Er war ein einsamer alter Knabe mit einem faltigen Gesicht, der von Her=zen gern gesellig sein wollte und für jeden ein freundliches Lächeln übrig hatte. Er war so dankbar und brach fast in Freu=dentränen aus, als er hörte, daß jemand mit ihm pokern wollte.

»Geld allein macht nicht glücklich, meine Herren«, sagte er, als er eine Karte aufnahm. »Ich habe zwar ein paar Millionen, aber das nutzt mir auch nicht viel.«

»Aber, aber«, meinte Arch, »man soll das Geld nicht verachten. Habe ich nicht recht, Mr. Holland?«

»O ja«, sagte ich.

»Mr. Holland ist Mitglied der ›Holland-Tunnel-Gesellschaft‹«, erklärte Arch. »Die Hollands sind eine alteingesessene New Yorker Familie. Wenn im Jahre 1963 die langjährigen Verpflichtungen der Stadt gegenüber abgelaufen sind, wird Mr. Holland der Besitzer der Tunnel-Rechte.«

»Was Sie nicht sagen«, meinte Mr. Jones und blickte mich an.

»Ja, das stimmt«, erwiderte ich. »Ich kann es kaum abwarten.«

»Erlauben Sie mir, daß ich Ihnen als Bankfachmann mit langjähriger Erfahrung einen guten Rat gebe. Sie sollten eine Gesellschaft gründen und Aktien verkaufen. Denken Sie dabei nur einmal an die Steuervergünstigungen.«

»Genau das hat Mr. Holland vor«, mischte sich Arch ein. »Er muß das jedoch erst mit dem Familienrat klären.«

»Nun ja«, meinte Mr. Jones und legte Karten aus, »wenn Sie natürlich auf Familienmitglieder Rücksicht nehmen müssen . . .«

»So ist das nicht«, warf Arch hastig ein. »Mr. Holland ist derjenige, der die letzte Entscheidung zu treffen hat. Nicht wahr, Mr. Holland?«

Ich nickte. »Stimmt. Ich kann den Juni 1963 kaum erwarten. Mit einem Tunnel läßt sich eine Menge Geld verdienen.«

»Ich bin der festen Überzeugung, daß sich Mr. Holland bei einem raschen und günstigen Preisangebot entschließen würde, den Tunnel zu verkaufen«, sagte Arch zu Mr. Jones. »Es müßte natürlich im stillen vor sich gehen, um die restliche Familie nicht zu alarmieren.«

»Was Sie nicht sagen«, murmelte Mr. Jones. »Wenn ich mir die Frage erlauben darf: Wie viele Fahrzeuge passieren im Durchschnitt jährlich den Tunnel?«

»Wenn man die Untergrundbahnen mitrechnet, sind es etwa sechzig Millionen im Jahr«, sagte Arch. »Selbst nach Abzug der Löhne und der Kosten für die Instandhaltung ist der Gewinn sehr beachtlich.«

»Wenn Sie verkaufen wollen, werden Sie sicher einen stattlichen Preis verlangen«, sagte Mr. Jones und schaute mich an. »Ich könnte es mir jedenfalls vorstellen. Haben Sie schon an eine bestimmte Summe gedacht?«

»Es würde sich um einen Notverkauf handeln«, warf Arch hastig ein, »denn bedenken Sie, daß sich der Tunnel erst Mitte 1963 bezahlt macht. Mr. Holland könnte aber jetzt etwas Klein=geld gebrauchen.«

»Meine Herren, ich habe für heute die nötige Bettschwere«, sagte Mr. Jones und stopfte seinen Gewinn in die Taschen. »Die Unterhaltung mit Ihnen war sehr interessant.« Er nickte uns lächelnd zu, erhob sich und verließ den Raum.

»Du liebe Güte«, sagte ich zu Arch, »willst du ihm wirklich den Holland=Tunnel verkaufen?«

»Er lechzte danach«, meinte Arch. »Hältst du hunderttausend für ein faires Angebot?«

Ich grinste. »Auf alle Fälle hattest du damit recht, daß ich etwas Kleingeld brauchen könnte. Wie stellst du dir das Ganze weiter vor?«

»Wir werden ihn noch ein oder zwei Abende beim Pokern ge=winnen lassen, dann haben wir ihn da, wo wir ihn haben wol=len. Ich werde inzwischen bei der Schiffsdruckerei die notwendi=gen Dokumente in Auftrag geben.«

Am nächsten Abend saßen wir mit Mr. Jones wieder beim Pokern zusammen. Die Unterhaltung drehte sich um alles mög=liche, nur nicht um den Holland=Tunnel. Ich bewunderte insge=heim Arch, wie er es trotzdem fertigbrachte, das Gespräch auf den Tunnel zu bringen. Er wählte einen günstigen Augenblick. Als der Ober die nächste Runde brachte, gab Arch ihm ein großzügiges Trinkgeld.

Als er Mr. Jones erstaunten Blick sah, sagte er: »Ich halte es immer für besser, zuviel Trinkgeld als zuwenig zu geben.« Dabei versetzte er mir unter dem Tisch einen Fußtritt.

»Da bin ich anderer Ansicht«, meinte ich. »Ich halte nichts davon, das Geld zum Fenster hinauszuwerfen.«

»Ich stimme mit Mr. Holland völlig überein«, wandte sich Mr. Jones an Arch. »Ich bin auch dafür, mein Geld zusammenzu=halten.«

»Nun ja«, murmelte Arch. »Übrigens, ich habe hier etwas, was Ihnen vielleicht ein wenig Freude macht.« Er brachte eine kleine Karte zum Vorschein und fuhr fort: »Wir möchten Ihnen diesen Schein überreichen. Er ist von Mr. Holland unterschrieben und berechtigt Sie zur kostenlosen Durchfahrt durch den Holland-Tunnel.«

»Was Sie nicht sagen!« rief Mr. Jones und blätterte die Karten auf den Tisch. »Ich freue mich und weiß wirklich nicht, wie ich Ihnen danken soll.«

Arch sah mich an. »Mr. Holland, da wir gerade von dem Tunnel sprechen, würde ich es für eine gute Idee halten, wenn Sie die Papiere über das Eigentumsrecht aus der Kabine holten.«

Ich stand auf, um die Dokumente, die Arch hatte drucken lassen, zu holen. Als ich zurückkam, waren die beiden schon wieder bei einem anderen Thema angelangt.

Arch griff eilig nach den Papieren und reichte sie seinem Gegenüber. »Vielleicht wollen Sie das einmal durchlesen? Lassen Sie sich ruhig Zeit damit, wir sind ja noch eine weitere Nacht an Bord.«

»Vielen Dank. Ich könnte mich wirklich dafür interessieren. Aber ich möchte Sie warnen, mit irgend jemand darüber zu sprechen. Ich will nicht, daß die Holland-Familie in New York etwas davon erfährt.«

»Davor mag uns der Himmel bewahren«, seufzte Arch.

Als wir uns am nächsten Abend, der letzten Nacht an Bord, wieder am Spieltisch trafen, kam das Geschäft mit dem Tunnel sofort zur Sprache.

»Meine Herren«, begann Mr. Jones, »ich habe über Ihren Vorschlag nachgedacht. Ihr Manager ist ein zäher Geschäftspartner, Mr. Holland. Aber nach einigen Überlegungen halte ich die Bedingungen doch für mich annehmbar.«

»Gut, Sir«, sagte Arch zu ihm. »Sie werden es nicht bereuen. Ich hoffe, daß Sie Ihr Scheckbuch bei sich haben. Wenn Mr. Holland das Geld nicht so nötig brauchen würde, wäre die Bezahlung nicht so eilig. Aber ich versichere Ihnen, daß Sie Ihre Hunderttausend schon im ersten Monat nach Inkrafttreten des neuen Vertrages wieder heraushaben.«

»Damit rechne ich auch felsenfest. Den Scheck habe ich schon ausgeschrieben. Sobald ich den Tunnel gesehen habe, gehört das Geld Ihnen.«

»Sobald Sie den Tunnel gesehen haben?« Arch schaute ihn verblüfft an.

»Ich denke doch, meine Herren, es macht Ihnen nichts aus, mit mir morgen früh, sobald wir in New York angekommen sind, durch den Tunnel zu fahren, damit ich ihn mir genau ansehen kann. Das ist mein Prinzip bei allen Geschäftsunternehmungen.«

»Aber selbstverständlich«, sagte Arch. »Wir können das Geschäft am anderen Ende des Tunnels in New Jersey abschließen. Wie wäre es jetzt mit einer Partie Poker?«

»Mit Vergnügen. Hoffentlich haben Sie heute mehr Glück. Bei den letzten Spielen hatten Sie immer miserable Blätter.«

Als wir später in unserer Kabine waren, stützte Arch seinen Kopf in beide Hände und sagte zu mir: »Los, mein Freund, laß dein Gehirn arbeiten. Denke nach!«

»Was ist los?«

»Wir müssen durch den Tunnel kommen, ohne die Gebühr zu zahlen. Er hat einen Freifahrtschein, der sich als gültig erweisen muß.«

Wir tüftelten schließlich einen Plan aus, der auf genauer Zeiteinteilung basierte. Arch bestellte telegraphisch zwei Mietwagen, die am Dock in New York für uns bereitstehen sollten. Ich mußte eine Begründung dafür finden, daß ich vor Arch und Mr. Jones das Schiff verlassen würde. Ich mußte unbedingt zuerst mit dem Auto abfahren. Es durfte nichts schiefgehen.

Wir verabredeten, beim Tunnel beide die äußere rechte Fahrbahn zu benutzen, um bei demselben Kassierer vorbeizufahren.

Als ich mit meinem Wagen zum Kassierer kam, reichte ich ihm eine Dollarnote. Als er mir fünfzig Cents zurückgeben wollte, nahm ich sie nicht.

»Was soll das?« fragte der Mann.

»In wenigen Minuten kommt ein Auto mit einem Irren als Insassen bei Ihnen vorbei. Er wird Ihnen eine Karte zeigen und behaupten, er sei der Besitzer des Tunnels. Berechnen Sie ihm nichts. Grüßen Sie nur und lassen Sie den Wagen passieren. Der halbe Dollar ist die Gebühr für diesen Wagen. Haben Sie das verstanden?«

»Sicher.« Der Kassierer blickte unsicher drein. »Sie sagen, daß ihm der Tunnel gehört?«

»Er bildet es sich ein. Wir sind dabei, ihn in eine Anstalt in Jersey zu schaffen. Ich fahre vor, um die notwendigen Formalitäten zu erledigen.«

Der Mann nahm seine Mütze ab und kratzte sich hinter dem Ohr. »Wird er auch während der Durchfahrt nichts anstellen? Vielleicht will er mitten im Tunnel parken?«

»Es wird nichts passieren. Er ist nicht allein. Ein Freund von mir fährt den Wagen. Sie brauchen sich keine Sorgen zu machen.«

»So, meinen Sie?« murmelte der Kassierer verdrießlich.

Ich wartete stundenlang im Hotelzimmer, ohne etwas von Arch zu hören. Beim langen Warten kam mir der Gedanke, daß es mein Geld gewesen war, das wir beim Pokern verloren hatten, daß der Scheck von Mr. Jones für den Kauf des Tunnels jedoch auf Archs Namen ausgestellt war, was nicht zu umgehen gewesen war, nachdem ich mit falschem Namen herumlief. Vielleicht würde Arch überhaupt nicht wieder auftauchen.

Doch dann verwarf ich den Gedanken: Arch wäre der Letzte, der mir das antun würde. Und natürlich klopfte es auch nach einer Weile, und Arch betrat das Zimmer mit einem breiten, zufriedenen Grinsen auf dem Gesicht.

»Nun?« forschte ich.

»Es hat geklappt«, sagte er fröhlich, »wir brauchten im Tunnel nichts zu bezahlen.«

»Wo ist das Geld?«

Arch stellte seine Aktentasche auf den Boden. »Ich habe kein Geld. Mr. Jones hat sich alles genau angesehen und ist zu dem Schluß gekommen, daß es für ihn doch nicht der richtige Tunnel ist.«

»Nicht der richtige Tunnel! Moment mal! Wir haben beim Pokern fünftausend Dollar verloren und hatten die ganze Mühe mit der Schiffsdruckerei, ganz zu schweigen von dem Kassierer im Tunnel und jetzt . . .«

Arch hob beschwichtigend die Hand. »Es hat ihm auch sehr leid getan. Dieser Mr. Jones ist ein fabelhafter Zeitgenosse. Er stammt aus einer alten, seriösen New Yorker Familie. Mit dem

Sinn für Ehre und Tradition und so weiter. Er sagte mir, er hätte das Gefühl, daß er etwas für uns tun müßte.« Arch öffnete seine Aktentasche. »Ich brauchte ihm nur noch einmal fünftausend Dollar zu geben. Dafür sind wir —«

»Du hast ihm noch einmal fünftausend gegeben?« krächzte ich.

»Sachte, sachte«, meinte Arch sanft. »Schau dir erst an, was wir für ein Geschäft gemacht haben.«

Er reichte mir einen Stoß Dokumente.

Es konnte wirklich kein Zweifel bestehen: Mr. Jones, der aus einer alten, angesehenen New Yorker Familie stammte, hatte einen edlen und aufrechten Charakter.

Er hatte uns beiden die Freiheitsstatue im New Yorker Hafen verkauft.

RICHARD STARK

Die seltsamen Umstände, die zu meiner Hinrichtung führten

Wenn man Berichten und Reportagen glauben darf, so gleicht das Leben in den Vororten dem Himmel auf Erden. Es regnet niemals am Wochenende. Der gelegentliche Ärger mit der Vorortbahn bietet ein heiteres Gesprächsthema, und die Kosten, mit denen man sich die himmlische Ruhe kaufen kann, sind nicht höher als der Betrag, den man von zwei vollgeklebten Rabattbüchern zurückbekommt.

Ich weiß nicht mehr, wann es war, als ich genau wußte, daß ich Janice umbringen muß. Ich kann nicht leugnen, daß ich schon seit Monaten mit dem Gedanken gespielt hatte, aber ich kann mich nicht an den Augenblick erinnern, an dem sich meine nutzlosen Wunschträume in einen festumrissenen, kaltblütigen Plan umwandelten.

Vielleicht geschah es in dem Moment, als mir der Briefträger die Rechnung für Janices Nerzmantel brachte, einen Mantel, von dem ich überhaupt noch nichts gehört hatte. Als ich ihr sagte, daß ich den Mantel, für den ich zweitausend Dollar – ein Fünftel meines Jahreseinkommens – zahlen sollte, zumindest einmal sehen wollte, meinte sie leichthin, sie hätte das gute Stück auf der Rückfahrt im Zug verloren. Der Einkaufsbummel in der Fifth Avenue hätte sie so erschöpft, daß sie beim Aussteigen nicht mehr an den Mantel gedacht hätte.

Oder vielleicht reifte mein Mordplan auch schon früher. Vielleicht, als ich eines Abends zerschlagen von meiner Arbeit im Anzeigendschungel in unsere Wohnung im Zentrum der Stadt kam und erfahren mußte, daß Janice in meiner Abwesenheit ein

Haus in Connecticut gekauft hatte. Sie sagte, es wäre doch herrlich, nicht mehr zu den blassen Einwohnern des Häuser=meers von Manhattan gehören zu müssen und wie gut uns die kräftige Landluft tun würde. Außerdem würde es meiner Gesundheit sehr zuträglich sein, morgens eine Stunde früher aufzustehen und zum Vorortzug zu spurten.

Oder war es, als ich eines Abends draußen in unserem Vor=stadt=Idyll über meinen Bankauszügen brütete und feststellte, daß wir in den letzten sechs Monaten mehr Geld für Strafgebüh=ren der Bank wegen ungedeckter Schecks, als für Lebensmittel ausgegeben hatten? Janices Kommentar auf mein Gebrüll war, daß sie achselzuckend meinte, die Schuld läge nur bei mir. Warum würde ich auch nicht so viel Geld auf der Bank ein=zahlen, wie sie für ihre Anschaffungen brauchte?

Oder vielleicht lag es am Ende gar nicht an Janice selbst. Vielleicht war Karen der springende Punkt.

Karen, meine süße Karen! Vor einiger Zeit bin ich befördert worden. Dadurch war es mir möglich, wenigstens annähernd mit Janices Ausgaben Schritt halten zu können. Diese Beförderung brachte es mit sich, daß ich endlich ein eigenes Büro mit einer eigenen Sekretärin bekam. Und diese Sekretärin hieß Karen.

Es war die alte Geschichte. Zu Hause eine Frau, die eine ständige Quelle des Ärgers war. Im Büro eine charmante und intelligente — und noch dazu hübsche — Sekretärin, mit der eine Unterhaltung möglich war und bei der ich ausspannen konnte. Ich begann, die Abende in der Stadt zu verbringen. Janice sagte ich, daß ich Überstunden machen müßte. Das Un=vermeidliche geschah: Karen und ich liebten uns.

Aber mir gefiel diese vertuschte Büroliebschaft nicht. Karen war zu ehrlich, zu sanft, zu gut für solch ein Verhältnis. Ich mußte versuchen, von Janice freizukommen, um Karen zu heiraten. Ich zweifelte keine Sekunde, daß mich Karen nehmen würde.

Ich erwog die Scheidung. Janice hätte bestimmt sofort ein=gewilligt, denn Scheidungen sind in unseren Kreisen ungemein schick. Und Janice war immer für alles Schicke zu haben. Dann fiel mir der Unterhalt ein. Hätte ich die Scheidung eingereicht, wäre ich der schuldige Teil und müßte zahlen. Und Janices unersättliche Geldgier kannte ich nur zu gut. Ich konnte un=möglich für Janice und mich getrennt sorgen. Rechnete ich Karen noch dazu, würde ich in spätestens sechs Monaten völlig verschuldet im Gefängnis landen.

Scheidung kam also nicht in Frage. Meine Lage erschien mir eine Zeitlang ausweglos. Dann kam der Tag, an dem sich Janice einen kleinen ausländischen Wagen kaufte. Fortan wartete ich hoffnungsvoll, daß sie das Auto zu Bruch fahren und selbst dabei draufgehen würde. Aber nichts dergleichen passierte. Diese Wagen sehen für meine Begriffe zwar abscheulich aus, aber sie zeichnen sich durch eine widerliche Sicherheit aus.

Unser Haus ist ein Ziegelbau. Die Innenwände sind getüncht, und die Räume sind mit Linoleum und Kunststoff ausgelegt. Man konnte also nicht einmal ein Feuer anlegen. Die Vorortzüge entgleisten hin und wieder, aber die Abstände der Unfälle waren sehr lang, und es passierte natürlich niemals, wenn Janice in die Stadt fuhr.

Als ich am Ende all dieser Überlegungen war, wurde es mir überdeutlich klar, daß ich etwas unternehmen mußte. Wenn Janice die Bahn für Karens und mein Glück freimachen sollte, hatte ich die Initiative zu ergreifen. Als diese Überzeugung immer stärker in mir geworden war, entschloß ich mich eines Tages, mit Karen darüber zu sprechen. Sie war natürlich über meinen Vorschlag entsetzt. Aber ich redete auf sie ein, brachte meine Argumente vor und versuchte ihr einzuhämmern, daß wir, solange Janice am Leben war, niemals heiraten könnten. Ich konnte Karen nur sehr langsam überzeugen, aber schließlich sah auch sie das Unvermeidliche der Tat ein.

Nachdem die Würfel nun einmal gefallen waren, blieb nur noch die Frage offen nach dem Wann, Wo und Wie.

Ich hatte die Wahl zwischen vier Mordarten: Mord, der wie Unfall aussah, Mord, der wie Selbstmord aussah, Mord, der wie natürliche Todesursache aussah, und Mord, der wie Mord aussah.

Unfall schloß ich von vornherein aus. Seit Monaten hatte ich Janice alle möglichen Unfälle gewünscht, bis ich zu der bitteren Erkenntnis kam, daß Janice einfach nicht der Typ für einen Unfall war. Und wenn ich schon dieses Gefühl hatte, konnte ich mir ausmalen, wie mißtrauisch erst die Polizei werden würde.

Die Idee mit dem Selbstmord war auch nicht gut. Ihre mannigfaltigen Freunde aus der Nachbarschaft würden nur zu gerne freiwillig aussagen, daß Janice so glücklich wie eine zwitschernde Lerche gewesen sei und daß es absolut keinen Grund dafür gäbe, ihrem Leben freiwillig ein Ende zu bereiten.

Ich kannte mich in der Medizin zu wenig aus, um einen natürlichen Tod vortäuschen zu können. Man würde mich noch an Ort und Stelle entlarven.

Es blieb also nur Mord, der wie Mord aussah, übrig. In dieser Richtung mußte ich meine Vorbereitungen treffen.

An einem Mittwoch in der zweiten Maihälfte kam meine Chance. Am Donnerstag und Freitag dieser Woche fand eine wichtige Tagung in Chicago statt, die einen neuen Werbefeldzug bei unseren Hauptkunden betraf. Man hatte mich aufgefordert, an der Tagung teilzunehmen. Ich brauchte nur noch zu veranlassen, daß Karen mich begleitete – was leicht zu rechtfertigen war –, und dann konnte ich meinen Plan in die Tat umsetzen.

Dieser Plan sah folgendermaßen aus: Ich hatte zwei Fahrkarten für den drei-Uhr-Nachmittagszug nach Chicago, der am nächsten Morgen um acht Uhr vierzig dort sein sollte. Karen würde in diesen Zug steigen und beide Billetts bei sich haben. Wir würden mittags gemeinsam die Anzeigen-Expedition verlassen, um angeblich zum Grand-Central-Bahnhof zu fahren und das Mittagessen im Zug einzunehmen. Karen würde sich wirklich auf den Weg zum Grand Central machen, während ich zur 125. Straße, zum Bahnhof für die Vorortzüge, rasen würde. Um zwei Uhr zehn würde ich an meinem Bahnhof ankommen. Ein angeklebter Schnurrbart, eine dicke Hornbrille und ein Hut und Übergangsmantel von der Sorte, die ich nie zu tragen pflegte, sollten als Tarnung dienen. Unser mit Hypotheken belastetes Paradies war nur ein paar hundert Meter vom Bahnhof entfernt. Diese Strecke würde ich zu Fuß zurücklegen, Janice mit der 32er Automatik, die ich vor vierzehn Tagen unter der Hand im Osten der Stadt erstanden hatte, erschießen, das Haus durchwühlen und ein paar Wertgegenstände mitnehmen. Dann würde ich den Zug fünf Uhr zwei nach New York nehmen, dort ins Kino gehen, um später in das Flugzeug nach Chicago zu steigen. Ich würde drei Uhr vierzig in der Frühe in Chicago landen und hätte Zeit genug, in Ruhe zum Bahnhof zu fahren, um dort um acht Uhr vierzig auf den Zug mit Karen zu warten. Wir würden unverzüglich unsere Rückfahrkarten zurückgeben mit der Begründung, daß wir uns entschlossen hätten, für die Rückfahrt einen Flug zu buchen. Wegen der Rückerstattung des Fahrpreises müßte ich bei der Eisenbahngesellschaft ein Formular ausfüllen und unterschreiben. Dieses Alibi war absolut narrensicher.

Nach einer angemessenen Zeit der Trauer könnte ich Karen heiraten und wir würden glücklich und in Frieden leben.

Der Mittwoch kam. Ich hatte Janice gesagt, daß ich am Montag zurückkommen werde, und meinen Koffer mit ins Büro genommen. Wie ausgemacht, verließen Karen und ich Punkt zwölf das Büro. Ich machte mich sofort auf den Weg zu meinem Vorstadtbahnhof. Ich hielt unterwegs nur einmal an, um mir einen Hut und Übergangsmantel zu kaufen. Beim Bahnhof in der 125. Straße deponierte ich meinen Koffer bei der Gepäckaufbewahrung. Auf der Herrentoilette des Zuges befestigte ich meinen falschen Bart und setzte mir die Hornbrille auf.

Als ich um zwei Uhr fünfzehn in Connecticut den Zug verließ, lag der Bahnhof wie ausgestorben da. Das war um diese Tageszeit völlig natürlich. Auch auf dem Weg zu meinem Haus traf ich keinen Menschen. Als ich die Eingangstür aufschloß, fühlte ich das ungewohnte Gewicht des Revolvers in meiner Tasche.

Janice saß auf unserem unbezahlten Sofa im Wohnzimmer und blätterte in einer exquisiten Frauenzeitschrift. Im Zweifelsfall wollte sie sich über neue Möglichkeiten informieren, wie sie mein sauer verdientes Geld unter die Leute bringen könnte.

Sie erkannte mich zuerst nicht. Als ich den Hut und die Brille abnahm, rief sie erstaunt: »Freddy! Ich denke, du bist auf dem Weg nach Chicago!«

»Das bin ich auch«, brummte ich und setzte mir den Hut und die Brille wieder auf. Ich ging zum Fenster und zog die Vorhänge zu.

»Ich habe keine Ahnung, was das Theater mit dem Schnurrbart soll«, sagte sie, »laß dir aber auf alle Fälle gesagt sein, daß du mit einem Bart gräßlich aussiehst.«

Ich blieb dicht vor ihr stehen und zog den Revolver aus der Tasche. »Geh in die Küche, Janice«, sagte ich. Es sollte später so aussehen, als hätte sich ein Einbrecher an der Hintertür zu schaffen gemacht und sie niedergeschossen, als sie herausfinden wollte, was vorging.

Ihre weit aufgerissenen Augen wanderten von dem Revolver in meiner Hand zu meinem Gesicht. »Freddy, was um Himmels willen . . .«

»Geh in die Küche, Janice«, wiederholte ich.

Ihr Mund verzog sich. »Freddy, wenn das ein Witz sein soll . . .«

»Es ist kein Witz, Janice«, sagte ich voller Grimm.

Auf einmal begannen ihre Augen zu leuchten, und sie klatschte kindisch in die Hände, wie sie es immer tat, wenn sie etwas bekam, was ich mir finanziell gar nicht leisten konnte.

»Du guter Alter«, rief sie, und ihre Stimme überschlug sich fast. »Du hast mir endlich doch den neuen Wäschetrockner gekauft!« Sie sprang hektisch auf und rannte in die Küche. Ihre spitzen Absätze klappten hart auf dem Linoleum. Mein Zorn wuchs. Selbst jetzt, in den letzten Sekunden, die sie noch zu leben hat, denkt sie nur daran, ich könnte ihr wieder etwas gekauft haben.

Ich folgte ihr langsam in die Küche. Sie drehte sich zu mir um und sagte enttäuscht: »Du hast ja gar keinen Wäschetrockner —«

Ich schoß aus der Hüfte heraus und verfehlte sie natürlich. Es gab lediglich ein häßliches Loch im Herd. Zum Teufel mit der Cowboy-Methode, dachte ich und zielte beim zweiten Schuß sorgfältig. Sie sank schreiend zu Boden.

Drei Sekunden lang herrschte eisiges Schweigen. Dann folgte ein schrilles Läuten an der Haustür, deren Glocke in der Küche ein paar Zentimeter von meinem Kopf entfernt war.

Ich erstarrte. Was sollte ich tun? Mein erster Gedanke war, mich totzustellen und zu warten, bis derjenige, wer immer es war, wieder fortgehen würde. Aber dann fiel mir der verdammte ausländische Kleinwagen ein, der in der Einfahrt stand und anzeigte, daß Janice zu Hause sein mußte. Wenn ich nicht aufmachte, könnte sich der Besucher Gedanken machen und vielleicht Hilfe von den Nachbarn oder der Polizei erbitten. Dann säße ich in der Falle.

Mir blieb gar nichts anderes übrig, als zur Tür zu gehen. Wenn ich meiner Stimme einen heiseren Klang gäbe, würde man mich vielleicht in meiner Verkleidung mit Schnurrbart und Hornbrille nicht erkennen. Ich könnte mich als Hausarzt vorstellen und erklären, daß Janice krank sei, im Bett läge und keinen sehen dürfe.

Während ich dies alles durchdachte, läutete es wieder. Ich erwachte aus meiner Starrheit, steckte den Revolver in die Tasche, eilte durchs Wohnzimmer und verharrte einen Augenblick vor der Haustür. Nachdem ich tief Luft geholt hatte und mich zur Ruhe ermahnte, öffnete ich die Tür ein paar Zentimeter. Als ich durch den Spalt lugte, fiel mein Blick auf einen typischen Vertreter, der eine große Aktentasche bei sich hatte. Er trug einen schlankmachenden grauen Anzug, ein weißes Hemd, eine blaue Krawatte und zeigte sein strahlendes Gebiß. »Guten Tag, Sir. Ist die Dame des Hauses zu sprechen?«

»Sie ist krank«, sagte ich und brauchte mich um eine heisere Stimme nicht sonderlich zu bemühen.

Doch der Vertreter ließ sich nicht abwimmeln. »Vielleicht kann ich mich dann mit Ihnen ein paar Minuten unterhalten«, meinte er eilfertig.

»Tut mir leid. Kein Interesse.«

»Ich denke doch, daß es Sie interessieren wird, Sir. Was meine Firma anzubieten hat, muß alle Eltern interessieren.«

»Hier gibt es keine Eltern.«

»Oh!« Das Lächeln verschwand für einen kurzen Augenblick, um jedoch gleich darauf verstärkt wiederzukehren. »Meine Firma will natürlich nicht nur speziell Eltern ansprechen. Um es kurz zu sagen: ich vertrete die ›Encyclopedia Universicana‹. Ich bin auch kein Verkäufer. Wir wollen uns nur in diesem Bezirk einführen —«

»Ich bedauere«, sagte ich förmlich. »Ich habe kein Interesse.«

»Aber ich habe Ihnen noch nicht das Wichtigste gesagt —«

»Nein!« brüllte ich und donnerte die Tür zu. Es war mir völlig klar, daß Janice die Enzyklopädie sofort gekauft hätte, und es erfüllte mich mit Genugtuung, daß ich das rechtzeitig verhindert hatte.

Aber ich hatte Wichtigeres zu tun, als solche Gedanken zu verschwenden. Ich mußte das Haus durchwühlen, um einen Raubmord vorzutäuschen. Sämtliche Schubladen mußten aufgerissen werden und die Kleider aus den Schränken gerissen. Und vieles andere mehr. Bis zur Abfahrt des Zuges blieb mir einige Zeit.

Ich wollte gerade ins Schlafzimmer gehen, als das Telefon schrillte.

Ich blieb erschrocken stehen. Sollte ich an den Apparat gehen oder nicht? Dieselben Gründe, die mich bewogen hatten, die Haustür zu öffnen, veranlaßten mich, den Hörer aufzunehmen und die Rolle des Hausarztes zu spielen. Ich meldete mich und vernahm eine schnarrende Stimme: »Hier ist Magills Prüfstelle für Fernsehgeräte. Haben Sie Ihren Apparat eingeschaltet?«

Ich stand mit dem Hörer am Ohr da und brachte keinen Ton hervor.

»Hallo?« kam es leicht ungeduldig vom anderen Ende.

»Nein.« Das Sprechen kostete mich Anstrengung. Dann legte ich auf.

Verbissen machte ich mich wieder auf den Weg zum Schlafzimmer. Ich öffnete die Schubladen und verstreute den Inhalt auf dem Fußboden. Ich brauchte vor Fingerabdrücken keine Angst zu haben. Sie waren auf allen Gegenständen dieses Hauses eine Selbstverständlichkeit. Und die Polizei würde sowieso voraussetzen, daß der Einbrecher Handschuhe getragen hätte.

Als ich mich gerade über das dritte Schubfach beugte und, da ich nun einmal dabei war, drei Paar Ohrringe und eine Uhr einsteckte, dachte ich, mich sollte der Schlag treffen. Es hatte schon wieder an der Eingangstür geläutet.

Ich stieß die Luft zwischen den Zähnen hervor und stapfte durchs Wohnzimmer, um die Haustür einen Spalt zu öffnen.

Eine kleine, gedrungene Frau mit einem idiotischen Lächeln flötete: »Guten Tag! Ich bin Mrs. Turner aus der Marigold Lane und verkaufe im Auftrage der protestantischen Kirche Lose, mit denen Sie ein Auto gewinnen können.«

»Ich will keine Lose kaufen«, sagte ich kurz angebunden.

»Aber Sie können ein Auto gewinnen —«

»Ich will kein Auto.« Ich schloß die Tür und öffnete sie noch einmal kurz. »Ich habe bereits ein Auto.«

Auf dem Rückweg zum Schlafzimmer glaubte ich den Wortlaut dieser Unterhaltung noch einmal zu hören. Ich hatte nicht gerade zusammenhängend geredet. War es möglich, daß ich nervöser war, als ich dachte?

Wie dem auch sei: In einer guten Stunde würde ich das Haus verlassen haben, nach New York zurückfahren und alles wäre überstanden.

Ich zündete mir zwei Zigaretten an. Als ich das Versehen bemerkte, drückte ich eine verdrießlich aus. Dann machte ich mich wieder an die Arbeit. Als ich mit der Kommode und dem Schubfach der Frisiertoilette fertig war und mich gerade dem Kleiderschrank zuwenden wollte, klingelte das Telefon.

Es war mir vorher nie zum Bewußtsein gekommen, wie schrill und durchdringend dieser Ton war. Und wie lange jedes einzelne Läuten anhielt. Das Telefon schrillte noch dreimal, ehe ich in der Lage war, mich von der Stelle zu bewegen. Während des vierten Läutens durchquerte ich die Diele und das Wohnzimmer.

Als ich den Hörer am Ohr hatte, hörte ich eine Männerstimme: »Hallo, Andy?«

»Andy?«

Doch der andere wiederholte nur: »Hallo, Andy?«

Irgend etwas stimmte nicht. Meine Nerven waren am Zerspringen. Ich zwang mich zur Ruhe und fragte: »Wen wollen Sie sprechen?«

»Andy!«

»Falsch verbunden«, murmelte ich unwillig und legte auf.

Es läutete an der Haustür.

Ich sprang wie ein Irrer auf und riß dabei das Telefon vom Tisch. Beim Aufheben kam ich mit der Schnur ins Gehege und mußte eine Weile fummeln, ehe ich den Apparat zornig auf den Tisch schmettern konnte. Inzwischen hatte es zum zweitenmal geklingelt.

Ich stürmte durch das Zimmer, ließ alle Vorsicht außer acht und riß die Tür weit auf. Der Mann, der vor der Tür stand, hatte graue Haare, sah stattlich aus und erweckte einen seriösen Eindruck. Er war dezent gekleidet und hatte eine schwarze Aktentasche in der Hand. Er lächelte mich an und fragte: »War Mr. Wheet schon bei Ihnen?«

»Wer?«

»Mr. Wheet«, wiederholte der andere mit leichtem Erstaunen in der Stimme. »War er noch nicht hier?«

»Ich kenne keinen Mr. Wheet«, sagte ich barsch. »Falsch verbunden.«

»Tja, in diesem Fall«, sagte der stattliche Mann, »muß ich mich wohl persönlich mit Ihnen unterhalten.« Und bevor ich begriff, was vorging, war er an mir vorbeigeschlüpft und stand mitten im Wohnzimmer. Er sah sich anerkennend um und meinte voller Bewunderung: »Sehr schön. Sie sind wunderbar eingerichtet.«

»Wollen Sie mir bitte sagen, Mr. –«

»Sampson«. Der Stattliche streckte mir eine feste, derbe Hand entgegen. »Sampson. Vom ›Encyclopedia Universicana‹. Ist die kleine Frau zu Hause?«

»Die kleine Frau ist krank«, sagte ich mit grimmigem Humor. »Ich bin gerade dabei, ihr eine Brühe zu machen – Hühnerbrühe – vielleicht ein anderes Mal ...?«

»Ach so«, meinte der stattliche Mann. Er runzelte die Stirn, als dächte er angestrengt über ein Problem nach, dann kehrte sein Lächeln zurück. »Das macht gar nichts. Lassen Sie sich nicht stören, Sir. Ich kann in der Zwischenzeit meine Unterlagen auspacken.«

Ehe ich es verhindern konnte, saß er auf dem Sofa. Ich öffnete den Mund, um etwas zu sagen, aber er öffnete seine Aktentasche schneller. Er brachte einen Berg Schriftstücke zum Vorschein. Dutzende von bedruckten Bogen in grellen Farben. Rot und grün und blau. Fotografien von Büchereinbänden und Formulare, Formulare, Formulare. Auf einigen stand in schwarzer Blockschrift: »Wichtig! Aufheben!«, auf anderen mit roten Buchstaben: »Freiexemplare.« Am abscheulichsten waren die Regenbogenfarben der Schrift: »Probebestellungen.«

Der stattliche Mr. Sampson beugte sich weit vor und begann die Papiere vor seinen spitzen, blankgewienerten Schuhen auf dem Teppich auszubreiten und zu sortieren. »Das ist unser Jahresprogramm«, erläuterte er freundlich lächelnd und hob kurz den Kopf. Dann verteilte er weitere Papiere auf dem Teppich.

Mir brach der Angstschweiß aus. Keine zwei Meter von ihm entfernt lag meine verblichene Janice in der Küche ausgestreckt. Und im Schlafzimmer sah es aus wie nach einem mittleren Erdbeben. Ich wollte in Kürze das Haus verlassen, um mit dem Zug nach New York zurückzufahren. Vorher wollte ich die 32er Automatik in eine öffentliche Mülltonne werfen mit der Gewißheit, daß sich sehr bald ein Liebhaber dafür finden würde. Falls sie jemals der Polizei in die Hände fallen sollte, wären weitere Verbrechen begangen worden, und kein Mensch würde den Revolver mit mir in Verbindung bringen. Und ich fliege heute noch nach Chicago, um Karen zu treffen. Meine kleine, geliebte Karen.

Und dieses Würstchen hier wollte mir eine Enzyklopädie verkaufen!

Ich machte den Mund auf und sagte sehr ruhig: »Hinaus.«

Er sah auf und lächelte mich an. »Wie meinen Sie?«

»Hinaus!«

Sein Lächeln wurde unsicher. »Aber – Sie haben sich doch noch gar nichts angesehen ...«

Meine Stimme schwoll an. »Hinaus!« Ich wies auf die Tür und stieß dabei eine Tischlampe um. »Hinaus! So gehen Sie doch endlich!«

Der Stattliche geriet ins Stottern. »Gewiß – ja – aber sehen Sie ...«

Ich sprang vor und klaubte seine Papiere auf. Dabei zerknüllte ich sie, und als ich den Arm voll hatte, ging ich zur Tür. Beim Herunterdrücken der Klinke fiel ein Teil zu Boden. Die restlichen Bogen schleuderte ich ins Freie, und sie flatterten auf den Rasen. Dem Haufen, der heruntergefallen war, versetzte ich einen Fußtritt.

Mr. Sampson verließ eilig das Haus. Er wollte protestieren; aber als er meinen drohenden Blick sah, hielt er es für ratsamer, nichts zu sagen.

Als ich die Tür hinter ihm zugeworfen hatte, holte ich tief Luft. Gewaltsam mußte ich mich zur Ruhe zwingen. Ich steckte mir eine Zigarette an und rauchte in hastigen Zügen. Als ich mir eine zweite anzündete, drückte ich sie aus Versehen gleich wieder aus. Die dritte, die ich mir in den Mund steckte, rauchte ich nur zur Hälfte. Mit einem Aufschrei raste ich ins Schlafzimmer zurück und trat mit wildem Vergnügen auf den Kleiderschrank ein. Als er nur noch ein wüster Bretterhaufen war, riß ich die Decken vom Bett und schleuderte die Matratzen auf die Erde. Voller Genugtuung betrachtete ich mein Werk.

Und es läutete an der Haustür!

»Wenn das dieser Mr. Sampson ist«, zischte ich, »dann gnade ihm Gott ...«

Es läutete wieder. Ergrimmt stellte ich fest, daß wir in diesem Haus eine unglaublich laute Klingel haben.

Als ich auf dem Weg zur Tür war, schrillte die Glocke zum drittenmal und ich hätte am liebsten »Ruhe!« gebrüllt. Aber ich beruhigte mich wieder und hämmerte mir ein, die Tür nicht weiter als einen Spalt zu öffnen.

Ein kleines Mädchen in einer grünen Uniform stand draußen und wollte sammeln.

Das Leben ist ungerecht und grausam, schoß es mir durch den Kopf. Mit freundlicher Stimme sagte ich: »Wir haben schon etwas gegeben, Kleine«, und schloß sanft die Tür.

Als ich das Telefon jetzt wieder hörte, lehnte ich mich erschöpft an die Tür. Das durfte doch wohl nicht wahr sein! Ich war langsam am Ende meiner Kräfte. Aber wenn ich hier stehenblieb, würde das Läuten nie aufhören. Und es hörte nicht auf! Ich verharrte eine Weile, dann gab ich auf und nahm den Hörer. Das wird diesem gräßlichen Geräusch wenigstens ein Ende bereiten, sagte ich mir. Das war ein logischer Gedanke. Ich hatte nur logische Gedanken!

»Hallo, Nachbar«, sagte eine forsch-fröhliche Männerstimme. »Hier spricht Dan O'Toole vom Sender WDEW. Haben Sie's gewußt?«

»Was?«

»Aber Nachbar! ›Haben Sie's gewußt‹ ist der neue Rundfunk-Quiz, von dem die ganze Stadt spricht. Haben Sie's gew — —»

Ich nehme an, daß der andere noch eine ganze Weile weitergeredet hat, aber ich weiß es nicht, denn ich habe aufgelegt.

Ich ertappte mich dabei, daß ich mir gedankenlos wieder eine Zigarette anzündete, und zwang mich, damit aufzuhören. Ich durfte auf keinen Fall die Selbstkontrolle verlieren. Abgesehen von meinem keuchenden Atem war es jetzt im Haus ruhig.

Nachdem meine Nerven aufgehört hatten zu flattern, warf ich einen prüfenden Blick auf das Schlachtfeld, das ich für die Polizei zurücklassen würde. Ich betrachtete mir noch einmal die Unordnung in den Räumen und die tote Frau in der Küche. Das einzige, was noch zu tun blieb, war, die rückwärtige Tür zu beschädigen, damit es so aussah, als hätte sich der Einbrecher mit Gewalt Zutritt verschafft.

Es schien, als würde alles planmäßig verlaufen. Es schien wirk= lich so.

Und trotzdem, als ich durch die Küche schlich, zweifelte ich auf einmal an dem Gelingen des Planes. Bis jetzt hatte sich bei der Ausführung alles gegen mich verschworen. Außerdem kam mir zum Bewußtsein, daß ich überhaupt keine Ahnung gehabt hatte, wie sich Janices tägliches häusliches Leben abspielte. Viel= leicht war ihre Verschwendungssucht ein Fluchtversuch vom Alltag.

Als ich die Hintertür erreicht hatte, blieb ich stehen und lauschte. Ich wartete aufs Türklingeln, Telefonläuten, auf Hoch= zeitsglocken und Weihnachtsglocken, aber zu meiner Verwunde= rung geschah nichts dergleichen. Mit großer Genugtuung öffnete ich die Tür -- und stand unserer Nachbarin, einer grobknochigen Frau, gegenüber. Sie trug eine Schürze und hielt eine leere Tasse in der Hand.

Ich starrte sie entgeistert an.

Sie blinzelte überrascht. Doch als ihr Blick an mir vorbeiging und auf etwas haften blieb, was hinter mir auf dem Boden lag, weiteten sich ihre Augen vor Entsetzen. Schreiend ließ sie die Tasse fallen und rannte wie gehetzt davon.

Der Schrei lähmte mich. Ich starrte auf die Tasse, die einen Moment in der Luft zu stehen schien, ehe sie langsam herunter= fiel. Der Fall wurde schneller und schneller, bis die Tasse schließ= lich mit einem lauten Krach auf dem Zementboden zersprang.

Als ich die Scherben sah, zerbrach auch etwas in mir. Mit weichen Knien trat ich einen Schritt zurück und fiel mehr auf den Fußboden der Küche, als daß ich mich setzte.

Dort saß ich und wartete. Ich wartete und wartete. Auf eine Volkszählung, auf den Postboten mit einem Eilbotenbrief, auf den Mann aus der Wäscherei, den Fahrer der Bahnpost, den Angestellten der Reinigung, auf eine Horde Pfadfinder, den Kandidaten einer politischen Partei, fünf Anrufe mit »falsch verbunden«, den Zeitungsjungen, auf die Polizei, eine Dame von der Caritas, den Milchmann, auf einen Mann vom Finanzamt, einen jungen Mann, der sich mit dem Zeitschriftenverkauf sein Studium finanziert . . .

Robert Arthur

Eine reizende Familie

Seitdem ich Besitzer einer Baskenmütze bin, habe ich ständig das Gefühl, ich sollte mir eigentlich dazu einen passenden Sportwagen kaufen. Es wäre natürlich wesentlich einfacher, wenn ich versuchen würde, die Baskenmütze wieder loszuwerden. Das sind so Probleme. Das Hauptproblem unserer kleinen Geschichte besteht auch darin, irgendeinen Ballast – in diesem Falle ein nettes Lebewesen – loszuwerden.

Die Farringtons waren eine reizende Familie – wenn es einem nichts ausmachte, über ein paar schlechte Angewohnheiten, wie zum Beispiel morden, hinwegzusehen. Es ist wahrscheinlich den Farringtons gegenüber nicht fair, ihren Hang zum Morden als Gewohnheit zu bezeichnen, denn um gerecht zu sein, muß man erwähnen, daß sie bis jetzt erst zwei Menschen umgebracht haben.

Sie waren jedoch auf dem besten Wege, es zur Gewohnheit werden zu lassen, denn sie brüteten gerade über einem dritten Mord. Zu ihrem Vorteil sei gesagt, daß sie nicht finster blickend zusammenhockten und tuschelten, sondern über die Angelegenheit frei und offen in ihrem Wohnzimmer von »East View« diskutierten. »East View« war ihr gemieteter Sommersitz in Massachusetts. Das Haus stand auf einem Felsen, der steil und zerklüftet zum Atlantik abfiel und an dessen Fuße sich die tosenden Wellen brachen.

Sie nahmen bei ihrem Plauderstündchen sogar Tee zu sich. Zumindest konnte man das Getränk, das Marion Farrington trank, als Tee bezeichnen. Tee mit Zitrone. Bert Farrington, ihr

Onkel, trank einen Schuß Tee mit Jamaica Rum und Dick Farrington, Marions jüngerer Bruder, hatte ein Glas vor sich stehen, dessen Inhalt nur der Farbe nach Tee ähnelte. Er trank Whisky=Soda.

»Es ist wirklich ein Jammer, daß das Kind schon in zwei Wochen Geburtstag hat«, sagte Marion und nippte an ihrem Tee, »aber das zwingt uns zum Handeln.«

Dick, ein gutgebauter, von der Sonne gebräunter, hübscher Zweiunddreißigjähriger, dem man ansah, daß er es verstand, das Leben zu genießen und das Geld mit vollen Händen auszugeben, schaute aus dem Fenster. Am Ende der Wiese, kurz vor dem Waldrand, entdeckte er Jinny Wells. ›Das Kind‹ hatte Marion gesagt; und – besonders aus der Entfernung – konnte man dem Mädchen auch wirklich nicht ansehen, daß es in wenigen Tagen einundzwanzig Jahre alt werden würde. Und dieses Alter würde Jinny nach den Plänen und Überlegungen der Farrington=Familie kaum erreichen. Jinny ging suchend umher, bückte sich hin und wieder und legte etwas in den Korb, den sie unter dem Arm trug.

»Sie ist ein süßer Fratz«, bemerkte Dick anerkennend. »Und ich weiß, wie sehr sie mich bewundert.« Er zog seine Krawatte zurecht. »Wenn wir es nur ein wenig hinauszögern könnten –«

»Gewäsch!« Bert Farrington, der zwanzig Jahre älter als sein Neffe war, verzog sein grobes, rotwangiges Gesicht und fuchtelte dem Jüngeren mit dem Zeigefinger vor dem Gesicht herum. »Keine Sentimentalitäten, Dick«, warnte er. »Die Zukunft der Familie steht auf dem Spiel.« Er betonte das Wort ›Familie‹, als spräche er vom britischen Königreich.

»Bert hat vollkommen recht.« Die vollbusige zweiundvierzigjährige Marion saß steif aufgerichtet da. Wenn man von ihrem Doppelkinn und der kalten Entschlußkraft in ihren wässrigen blauen Augen absah, könnte man sie direkt als attraktiv bezeichnen. »Alice hat in ihrem Testament angeordnet, daß wir Jinny an ihrem einundzwanzigsten Geburtstag ihren Erbteil auszahlen. Wir könnten das vielleicht ein paar Wochen hinauszögern, aber dann würde sich Jinnys Anwalt ganz sicher an uns wenden. Und was das bedeuten würde, wißt ihr ja.«

Dick leerte hastig sein Glas und dachte an die hübsche runde Summe, die ihm Alice hinterlassen hatte und die bis auf den letzten Pfennig verbraucht war, einschließlich des Geldes, das für Jinny bestimmt gewesen war. »Es ist eigenartig, wie einem heutzutage das Geld unter den Fingern zerrinnt«, meinte er verdrießlich.

»Ja, ja, diese ständigen Preiserhöhungen«, murmelte Bert philosophisch. Bert wußte, daß ihm nie etwas passieren konnte. Wenn etwas schiefging und einer von ihnen ins Gefängnis mußte, dann war es Dick, der für Jinnys Vermögen verantwortlich war. Aber Bert, der seit nunmehr fünfzehn Jahren von dem Geld seiner Nichte und seines Neffen schmarotzte, gedachte das auch weiterhin zu tun. Aus diesem Grunde würde er alles tun, um Dick vor dem Gefängnis zu bewahren, um so mehr, als ihm klar war, daß Dick in Kürze eine neue reiche Frau finden mußte. Die Aussichten dafür waren im Gefängnis mehr als gering.

Dick mixte sich einen neuen Whisky-Soda. »Ich könnte mit ihr in der Bucht segeln und das Boot zum Kentern bringen«, überlegte er laut.

Bert runzelte die Brauen. »Besser nicht. Denke daran, daß Alice schon ertrunken ist.«

»Und Harry auch, als wir vor fünfzehn Jahren kenterten«, meinte Marion versonnen. »Drei Ertrunkene in der Familie sind ein bißchen viel. Es könnte die Leute stutzig machen.«

Harry war Marions erster und einziger Ehemann gewesen. Ihm gehörten riesige Apfelplantagen in Oregon, und Marion hatte ihn zu einem Zeitpunkt geheiratet, als die Finanzen der Familie wieder einmal katastrophal gewesen waren. Sein Pech war, daß er sich nur sieben Wochen lang an den ehelichen Freuden ergötzen konnte. Das Wasser von »Puget Sound« hat es manchmal in sich! Und als das Segelboot kenterte, war Marion zu sehr damit beschäftigt gewesen, ihren jüngeren Bruder Dick — der ein ausgezeichneter Schwimmer war — über Wasser zu halten, um auch noch ihrem Ehemann — der Nichtschwimmer war — die rettende Hand zu reichen. Das Wasser war an dieser Stelle vielleicht hundert Meter tief, das Ufer hundert Meter von der Unglücksstelle entfernt. Das Schicksal wollte es, daß Harry die hundert Meter in die Tiefe nahm.

Alice, Dicks einzige Frau — bis zum heutigen Tage — war erst vor zwei Jahren ertrunken, als sie in der einsamen Bucht von Acapulco in Mexiko schwamm. Alice war der Typ des Heimchens am Herde gewesen, geistig etwas minderbemittelt, mit einem knochigen Körper, der nicht die Spur einer Kurve zeigte — aber wie Esther Williams schwimmen konnte. Dick hatte sie in ihrer kleinen Heimatstadt im Mittelwesten kennengelernt, als er mit seinem Wagen eine Panne hatte und die Zeit, während sein Auto repariert wurde, im Schwimmbad verbrachte. Alice konnte überhaupt nicht fassen, daß Dick sie reizvoll und begehrenswert fand. Das war ihr in ihrem ganzen Leben noch nie passiert, obwohl es leicht hätte geschehen können, wenn ein anderer Mann gewußt hätte, was Dick ausgekundschaftet hatte. Ihm war zu Ohren gekommen, daß Alices Vater ihr und ihrer Schwester zweihunderttausend Dollar hinterlassen hatte.

Obwohl sich Dick eigentlich etwas Besseres vorgestellt hatte unter der Frau, die er einmal heiraten würde, und der Summe, die sie als Mitgift mit in die Ehe bringen würde, war ihm der Spatz in der Hand doch lieber als die Taube auf dem Dach. Er griff deshalb die Gelegenheit beim Schopf und heiratete Alice. Die Flitterwochen verbrachten sie in Marions und Berts Gesellschaft in Mexiko. Alice konnte sich daran berauschen, weit hinaus in den blauen Pazifik zu schwimmen. Wenn es Dick manchmal zuviel geworden war, war sie auch alleine geschwommen. Von einem dieser einsamen Schwimmausflüge war sie nicht zurückgekehrt.

Als ihr Körper nach Tagen an Land geschwemmt wurde, stellten die mexikanischen Dienststellen fest, daß der Tod durch einen Krampf eingetreten sei. Aber wer weiß, vielleicht war die wirkliche Todesursache doch das starke Betäubungsmittel, das in dem pechschwarzen Kaffee war, den Alice so gerne vor dem Schwimmen trank.

Wie dem auch sei: Von ihrem Geld war nichts mehr übrig. Würde Jinny ihren einundzwanzigsten Geburtstag erreichen, sähen sich die Farringtons der lästigen Aufgabe gegenübergestellt, über den Verbleib der Summe, die Alice ihrer hübschen Schwester hinterlassen hatte, Rechenschaft abzulegen. Das Schicksal forderte die Farringtons geradezu zu einem dritten Mord heraus. Aber es läßt sich nicht leugnen, daß sie ihre Bürde mit Gelassenheit trugen.

»Es muß unbedingt wie ein Unfall aussehen«, sagte Marion.

Bert war völlig ihrer Meinung. »Wir müssen auf alle Fälle vermeiden, daß sich irgendwelche Gerüchte verbreiten.«

»Wie wäre es mit einem Picknick beim alten ›Cliff Point Haus‹?« schlug Dick vor. »Dort ist der Absturz vom Felsen besonders lang und wirkungsvoll.«

»Keine schlechte Idee«, murmelte Marion, »aber pst — sie kommt zurück ...«

Die drei beobachteten das schlanke Mädchen, das mit dem Korb unter dem Arm über den Rasen geschlendert kam. Auf halbem Weg zum Haus winkte sie einem schmächtigen Mann mit einer großen karierten Mütze zu, der auf dem Fahrrad vorbeifuhr. Der Schmächtige war Mr. Downey, der das Nachbarhaus für den Sommer gemietet hatte. Mr. Downey war von wissenschaftlichen Büchern besessen. Seine Leidenschaft galt der Geologie. Tagelang fuhr er auf seinem Fahrrad in der Gegend herum, um Gesteinsproben zu sammeln.

»Da wir gerade vom Schlafen reden«, murmelte Bert und merkte nicht, daß die beiden ihn verwundert ansahen. »Ob das Mädchen an einer Psychose leidet?«

»Ich verstehe kein Wort«, sagte Marion.

»Ich denke an die Alpträume, die sie, seit sie vor vierzehn Tagen zu Besuch zu uns gekommen ist, Nacht für Nacht hat. Alpträume von großen, dunklen Gestalten, die sie umringen und ihr Dinge zuflüstern, die sie nicht versteht.« Bert hüstelte. »Ich meine — glaubt ihr — daß sie ...«

»Das Mädchen ist nicht verrückt — wenn du das meinst«, sagte Marion trocken. »Sie ist nur, wie die meisten modernen Mädchen heutzutage, unterernährt und nervös. Außerdem hat sie sich bestimmt bei ihrem Studium übernommen. Man stelle sich vor, sie ist noch nicht einmal einundzwanzig und hat schon die Abschlußprüfung an der Universität. Wo gibt es denn so was? Trotzdem — gleichgültig, was ihre Alpträume hervorruft — mir sind sie sehr willkommen. Die ganze Stadt spricht darüber, und Dr. Barnes kann jederzeit bestätigen, daß die Nerven des Mädchens nicht die besten sind. Was meint ihr denn, warum ich darauf bestanden habe, daß Jinny Dr. Barnes aufsucht? Es kann also geschehen, was will —«

Als die Haustür geöffnet wurde, unterbrach Marion ihren Satz abrupt.

Einen Augenblick später betrat Jinny Wells das Zimmer.

Jinny war ein schlankes Mädchen mit einem zarten Körperbau. Ihr apartes, ovales Gesicht trug meist einen versonnenen Zug, und ihre Stimme klang tief und sanft. Ihre Wangen waren jetzt von der Hitze und der ungewohnten Tätigkeit gerötet. Sie schaute lebhaft von einem zum anderen.

»Ich habe Glück gehabt«, rief sie freudig aus, »schaut, ich habe wirklich ein paar Pilze gefunden!«

Sie lächelte Dick mit weitgeöffneten Augen, in denen Bewunderung lag, an, und Dick lächelte geschmeichelt zurück. Dann reichte sie Marion ihr Körbchen, und die Frau schaute hinein.

»Aber Kind«, begann Marion erschrocken – doch dann besann sie sich eines Besseren, »das hast du gut gemacht, Jinny«, fuhr sie sanft fort. »Du sollst die Pilze zum Abendbrot haben. Trag sie einstweilen in die Küche. Ich werde sie dir nachher zubereiten.«

»Das ist lieb von dir, Marion«, sagte Jinny, »aber ihr sollt auch etwas davon haben. Wir wollen sie gemeinsam essen.« Sie wandte sich ab, und ihre Augenlider flatterten, als sie Dick im Vorbeigehen einen verstohlenen Blick zuwarf. Dann verließ sie leichtfüßig mit ihrem Korb den Raum.

»Fabelhaft«, sagte Marion fröhlich, als Jinny draußen war. »Unter den genießbaren Pilzen, die sie gesammelt hat, sind auch einige, die den Eßbaren verteufelt ähnlich sehen, deren Gift aber tödlich ist. Ich komme im Moment nicht auf den Namen dieses giftigen Pilzes. Das ist auch nicht so wichtig. Wichtig ist, daß sie beim Genuß dieser Pilze unter Garantie draufgehen wird. Was kann uns Besseres passieren? Sie hat sie selbst gesammelt. Das kann auch unser Nachbar, Mr. Downey, bestätigen. Wir sind aus der Klemme. Fabelhaft – wirklich fabelhaft!«

Marion war höchst zufrieden mit sich. Die Ausbildung, die sie als Kind genossen hatte, würde sich doch einmal in ihrem Leben bezahlt machen. Es wäre freilich nie der Fall gewesen, wenn sie nicht einen Sonderkursus in Botanik belegt hätte.

Die Farringtons waren wirklich eine reizende Familie. Aber es kommt selbst in den besten Familien vor, daß sich hin und wieder schlechte Laune einschleicht. Und so erging es den Farringtons, als sie jetzt in ihrem muffigen Wohnzimmer saßen. Sie haderten mit dem Schicksal und waren so übellaunig, daß sie am liebsten jemanden umgebracht hätten.

Die Uhr schlug elf.

Der Abend war alles andere als zufriedenstellend verlaufen. Marion hatte ein köstliches Mahl mit einer Ente und Reis zubereitet. Ein Schüsselchen mit Pilzen hatte neben Jinnys Teller gestanden. Es würde nicht für alle reichen, hatte Marion gütig gemeint, Jinny hätte sie gesammelt und es wäre nur recht und billig, wenn sie sie allein essen würde. Am liebsten hätte Marion nur die giftigen gekocht, aber dann hätte die Portion zu dürftig ausgesehen.

Jinny war von der Idee fasziniert gewesen, etwas essen zu dürfen, was die Natur ihr persönlich geschenkt hatte. Während sie lebhaft von ihrer Zeit an der Universität berichtete, hatte sie die Gabel mit den Pilzen wohl ein dutzendmal zum Mund geführt. Jedesmal verfolgten die Farringtons ihre Bewegung voller Erwartung und jedesmal sackten sie zusammen, wenn Jinny die Gabel wieder sinken ließ, um ein anderes lustiges Schulerlebnis zum Besten zu geben. Zu ihrer großen Erleichterung zog Jinny aber schließlich die Schüssel dicht zu sich heran und begann zu essen. Sie mochte wohl im besten Falle drei Pilze gegessen haben, als das Telefon läutete. Wie ein ungestümer kleiner Junge war Jinny aufgesprungen, um an den Apparat zu eilen. Dabei war die Schüssel heruntergefallen und die Pilze lagen auf dem Teppich verstreut.

Jinny hatte sich schrecklich über ihr Mißgeschick aufgeregt, aber es blieb nichts weiter übrig, als die Pilze in den Mülleimer zu werfen. Es hatte sich natürlich um einen unwichtigen Anruf gehandelt. Mr. Downey hatte Langeweile und wollte ein wenig plaudern, um dann die Farringtons für den nächsten Nachmittag zum Tee einzuladen.

Sie hatten hoffnungsvoll gewartet und gewünscht, daß die drei Pilze zu den giftigen gehört hätten und daß die Natur ihr Recht fordern würde. Aber nichts dergleichen geschah. Als sich Jinny schließlich in ihr Zimmer zurückzog, war sie frisch wie ein Fisch im Wasser, und die Farringtons sahen sich der ärgerlichen Tatsache gegenübergestellt, einen anderen Weg zu suchen, um Jinny aus dem Wege zu räumen. Es war wirklich rücksichtslos von dem Mädchen, ihnen solche Umstände zu bereiten.

»Dann wird es doch bei dem Sturz vom Felsen bleiben müssen«, meinte Marion mürrisch. »Ich habe Mr. Downey schon gesagt, daß wir leider seine Einladung zum Tee nicht annehmen können, weil wir morgen ein Picknick machen wollen. Und wir werden ein Picknick machen! Jinny wird eine seltene Blume entdecken, die sie unbedingt pflücken muß. Dabei wird sie sich gefährlich weit über den Abgrund lehnen. Wir werden leider nicht in ihrer unmittelbaren Nähe sein, um den Sturz verhindern zu können. Das ist sehr traurig, aber jeder wird einsehen, daß wir außerstande waren, das Unglück abzuwenden.«

Marions Worte klangen überzeugend und erweckten in ihnen das Gefühl, daß Jinny bereits mit zerschmetterten Knochen leblos in der Tiefe lag. Und diese Vorstellung versetzte die drei wieder in eine höchst zufriedene Stimmung.

Ein durchdringender Schrei aus dem Schlafzimmer über ihnen ließ sie aufblicken. Es folgten weitere Schreie, die an Lautstärke und Entsetzen zunahmen und den Kronleuchter im Wohnzimmer leicht vibrieren ließen.

Ein Hoffnungsstrahl glomm in Marions Augen auf.

»Die Pilze!« frohlockte sie.

»Verdammt« sagte Bert zornig. »Sie wird die ganze Nachbarschaft aus den Betten treiben. Kann sie denn nicht lautlos sterben?«

Weitere gellende Schreie aus dem oberen Stockwerk zeigten an, daß sie es offensichtlich nicht konnte.

»Amanita virosa!« sagte Marion voller Ehrfurcht. »Jetzt fällt mir der Name wieder ein. ›Amanita virosa‹! Es gibt keinen Pilz, der giftiger ist.«

Als das Schreien über ihnen nicht nachließ, meinte Marion: »Komm, Dick. Wir müssen zu ihr gehen. Ich bin sicher, daß Mr. Downey inzwischen auch schon etwas gehört hat.«

Sie eilte mit Dick die Treppe hinauf und stieß die Tür zu Jinnys Zimmer auf. Das Mädchen saß aufrecht im Bett und hielt die Hände vor den Mund gepreßt, um den nächsten Schrei zu unterdrücken.

»Jinny!« Marion ging rasch auf sie zu. »Was hast du, Kind? Fehlt dir etwas? Ist dir nicht gut?«

Jinny schüttelte wild den Kopf, ihr Atem ging keuchend.

»Hast du wirklich keine Schmerzen?« Die Frage klang mehr eindringlich als besorgt.

Jinny hörte nicht auf, den Kopf zu schütteln. »Ich hatte – einen schrecklichen Traum. Es – war furchtbar – so – schlimm war es noch nie . . .«

Ein Geräusch ließ Marion und Dick aufhorchen. Es kam aus dem Garten, direkt unter Jinnys Fenster. Eine Stimme kam aus der Dunkelheit: »Hallo! Ist etwas passiert?«

Dick trat ans Fenster. »Sind Sie es, Mr. Downey? Jinny hatte wieder einen Alptraum. Das ist jetzt vorbei. Es geht ihr schon besser.«

»Ach so«, murmelte Mr. Downey, »ach so.«

Dick schloß das Fenster und kam zu Jinnys Bett zurück. Er setzte sich auf die Kante und tätschelte beruhigend ihre kleine Hand.

Bert war den beiden gefolgt und lehnte an der Tür.

»Erzähl uns deinen Traum, Jinny«, drängte Dick. »Es geht am schnellsten vorbei, wenn du darüber sprichst.«

Jinny beruhigte sich. Ihr Atem ging regelmäßiger. Sie errötete leicht und zog sich verlegen die Bettdecke bis ans Kinn.

»Der Traum war so – so echt«, kam es leise von ihren Lippen. »Ich befand mich in einem Raum eines alten verfallenen Hauses, das ich noch nie vorher gesehen habe. Das Zimmer war voller Schatten. Und diese Schatten wurden plötzlich lebendig und krochen langsam auf mich zu. Von der Zimmerdecke, die so hoch war, daß ich sie nur ahnen konnte, hing ein Strick. Am Ende des Strickes war eine Schlinge. Die Schatten kamen näher und näher. Sie umzingelten mich und zwangen mich, immer dichter an die Schlinge zu gehen. Die Schatten umkrochen mich wie drohende, unheimliche Lebewesen. Ich wußte, daß sie mich dazu bringen wollten, die Schlinge um meinen Hals zu legen. Ich konnte nicht mehr atmen. Die Schatten berührten meine Füße. Von ihnen ging eine Grabeskälte aus, die mich lähmte. Als ich direkt unter der Schlinge stand, erwachte der Strick zum Leben. Er tanzte und hüpfte und wand sich, und plötzlich legte sich wie von selbst die Schlinge um meinen Hals und dann – und dann –«

Jinny schnappte nach Luft und begann zu zittern. Marion löste eine Tablette in Wasser auf und reichte dem Mädchen das Glas.

»Trink das, mein Kind«, sagte sie gütig. »Du wirst danach ruhig einschlafen. Es war nur ein Traum – nichts weiter.«

»Ja, natürlich«, brachte Jinny mühsam hervor. »Nur – ein Traum. Vielen Dank, Marion.«

Sie trank die Medizin und sank in die Kissen zurück. Dick drückte zärtlich ihre Hand. »Schlaf gut, Jinny. Morgen sieht die Welt wieder freundlicher aus.«

Er ging leise aus dem Zimmer. Und Marion und Bert folgten ihm auf Zehenspitzen, wie liebende Eltern, die ihr Kind in Frieden einschlafen lassen wollten.

Es war ein Sommermorgen wie aus dem Bilderbuch.

Im Horoskop der Tageszeitung stand zu lesen: »Heute ist ein günstiger Tag für die Durchführung lang hinausgezögerter Vorhaben«. Bert, der immer das Horoskop las, schob Marion die Zeitung hin.

»Ja«, nickte Marion, »wir haben schon viel zu lange gewartet.« Sie runzelte die Stirn. »Aber heute werden wir es hinter uns bringen! Jinny konnte sich gar keinen besseren Zeitpunkt für einen neuen Alptraum aussuchen als letzte Nacht.« Marion langte nach dem Telefonhörer.

Sie sprach mit dem Mädchen in der Vermittlung für Ferngespräche. »Ich möchte eine Verbindung nach Boston haben. Ich muß unbedingt mit Mr. M. J. Brewer sprechen. Er ist ein berühmter Psychiater. Ich weiß leider seine Adresse und Telefonnummer nicht, aber ich hoffe, daß Sie ihn ausfindig machen können. Es ist sehr wichtig ... ja, bitte, rufen Sie mich zurück.«

Marion legte den Hörer auf und blickte Bert an.

»Ich habe schon mit Dr. Barnes telefoniert«, erläuterte sie, »und ihm gesagt, daß ich mir wegen Jinnys Angstträumen große Sorgen mache. Er hat mich an Brewer verwiesen, der eine Kapazität auf diesem Gebiet sein soll. Ich will mit Brewer einen Termin ausmachen und ihm schon am Telefon von Jinnys Depressionen erzählen. Ich werde ihm auch gleich sagen, daß das Kind neulich so viele Schlaftabletten genommen hat –«

»Wann war das denn?« fragte Bert verblüfft.

»Sei nicht so begriffsstutzig, Bert. Das Kind ist schwermütig, neigt zu Depressionen und hat sogar Selbstmordgedanken. Nachdem ich der Anmeldung nach Boston so viel Nachdruck verliehen habe, kannst du sicher sein, daß das Mädchen in der Vermittlung das Gespräch mitanhören und es im Nu in der Stadt verbreiten wird. Außerdem werden Mrs. Graves und Miss Bernham dafür sorgen, daß die Geschichte in Umlauf kommt. Ich finde es zum ersten Male nicht bedauerlich, daß wir einen Dreieranschluß haben, denn ich habe eindeutig an dem Knacken in der Leitung merken können, daß beide mitgehört haben.

Jinny ist gerade zu Mr. Downey hinübergegangen, um sich zu entschuldigen, daß sie ihn heute nacht aus dem Schlaf gerissen hat. Heute abend gibt es keinen Menschen im Ort, der nichts von Jinnys Alpträumen wüßte. Oder über ihre Depressionen und ihre zeitweiligen Selbstmordabsichten.

Und zum Picknick heute nachmittag werden wir nach ›Black Point‹ fahren. Kennst du da das alte Haus im Wald?«

Bert nickte. »Ja. Was ist damit?«

»Du wirst sehen. Es wird die natürlichste Sache der Welt sein – ah, da kommt die Anmeldung nach Boston ... Hallo? Dr. Brewer? ... Dr. Brewer, es ist sehr dringend, daß ich Sie so bald als möglich aufsuchen kann. Es handelt sich um ...«

Die Farringtons waren wirklich reizende Leute. Ihr ausgeprägter Familiensinn zeigte sich wieder einmal, als sie alle gemeinsam zum Picknick aufbrachen.

Marion hatte einen großen Korb mit kalten Hühnchen, Aufschnitt und Salaten gepackt und Bert einen kleineren mit Wein und schärferen Getränken.

Dick setzte sich hinter das Steuer, und sie mußten einige Zeit fahren, bis sie zu den einsamen Felsen in der Gegend, die unter dem Namen ›Black Point‹ bekannt war, gelangten. Die Pflanze mit dem schönen Namen ›Immergrün‹ rankte allenthalben. Unter ihren Blättern war es schummrig und still wie in einer Kirche.

Dick führte Jinny behutsam über ein paar große Felsbrocken. Seine Hände umspannten zärtlich ihre bloßen Arme, als er ihr behilflich war, am Rand des felsigen Kliffs im strahlenden Sonnenschein einen Platz zu finden. Tief unter ihr schlugen die mächtigen Wellen des Atlantiks an das ausgewaschene Gestein. Möwen schrien, und die Luft war von einem würzigen Salzgeruch erfüllt. Jinny holte tief Luft.

»Hier riecht es so frisch und sauber«, flüsterte sie. »Hier kann ich den gräßlichen Traum der letzten Nacht vergessen ...«

Ihre Augen verdunkelten sich kurz, leuchteten aber unter Dicks bewundernden Blicken gleich wieder auf. »Es ist vorbei«, murmelte sie. »Ich werde nie wieder daran denken. Wollen wir nicht essen? Ich bin am Verhungern.«

Sie aßen. Bert gab heitere Geschichten von seinen Reisen durch Europa zum besten, wobei er so feinfühlig war, nicht zu erwähnen, daß er es seinerzeit wegen einiger Unterschlagungen in den Vereinigten Staaten vorgezogen hatte, sich für einige Monate nach Europa abzusetzen. Marion sprühte vor Witz und Charme. Sie verstand es meisterhaft, Klatschgeschichten weiterzuerzählen.

Dick saß dicht neben Jinny und ergriff, sooft es ging, ihre Hand. Ab und zu beugte er sich vor und flüsterte ihr ins Ohr, daß sie reizend wäre. Jinny errötete und ihre Augen leuchteten. Sie glich mehr denn je einem lieben Kind, dem man mit einem schönen Tag eine Freude bereitete.

Die Sonne versank hinter den Pinien, und die Schatten wurden länger. Es wurde merklich kühl.

»Warum geht ihr beide nicht ein wenig spazieren?« fragte Marion. »Bert und ich können inzwischen alles zusammenpacken.«

Dick sprang sofort auf und half Jinny auf die Beine.

»Komm, Jinny«, sagte er fröhlich, »laß uns auf Entdeckungsreisen gehen.«

Lachend ließ sich Jinny von ihm fortziehen. Dick umfaßte mit seiner großen kräftigen Hand ihre kleinen, kindlichen Finger.

Mit der freien Hand machte er eine weitausholende Bewegung. »Welch herrlicher Tag! Und welcher Zauber liegt über dieser Landschaft! Gefällt es dir hier?«

»Ja — es ist wunderschön. Ich muß nur, wenn ich auf das Meer sehe, an Alice denken.«

»Das verstehe ich«, sagte Dick mit feierlichem Ernst. »Sie hat das Meer geliebt. Sie hat es zu sehr geliebt. Sie ließ sich nie vom Schwimmen abhalten.«

»Hast du Alice sehr geliebt?« fragte Jinny leise.

»O ja, sehr«, nickte Dick. »Mit ihr habe ich die glücklichsten drei Wochen meines Lebens verbracht. Dann hat das Schicksal sie mir entrissen.«

»Sie hat auch dich über alle Maßen geliebt«, meinte Jinny versonnen. »Du hättest ihr Gesicht sehen sollen, als sie mir das Geheimnis anvertraute, daß ihr heiraten wollt. Sie war wie umgewandelt. Sie konnte gar nicht fassen, daß du sie zur Frau haben wolltest. Sie war doch so unscheinbar.«

»Unscheinbar?« fuhr Dick unwillig auf. »Für mich war sie nie unscheinbar! Für mich war sie lieblich, begehrenswert – sie war die Frau meines Lebens ...«

»Ich hielt sie immer für reichlich dämlich«, sagte Jinny unbefangen. »Das einzige, was sie konnte, war schwimmen. Sie war nicht imstande, sich zu unterhalten, Bücher interessierten sie nicht, die Musik konnte ihr nichts geben und –«

»Bitte, Jinny«, unterbrach Dick sie brüsk. »Vergiß bitte nicht, daß wir uns geliebt haben. Ich kann es nicht dulden, daß du so über deine Schwester sprichst.« Er atmete schwer. »Es regt mich auf, über Alice zu reden. Ich – vermisse sie – immer noch – schrecklich ...«

»Natürlich«, murmelte Jinny kleinlaut. »Es tut mir leid, Dick, aber schau ...« Sie blieb stehen und hob die Hand. »Ist das nicht ein Haus vor uns?«

»Ein verlassenes Haus«, rief Dick. »Ob es dort wohl spukt?«

Das Haus war ein riesiger Klotz aus schmutzigbraunen Steinen. Der größte Teil des Daches war eingefallen und die breite Veranda eingesackt. Durch die zerbrochenen Fensterscheiben kam ein modriger Hauch. Die ganze Luft um das Haus herum war von Fäulnis und Auflösung erfüllt.

Jinny schüttelte sich. »Das Haus gefällt mir nicht. Laß uns umkehren, Dick.«

Aber Dick hielt ihre Hand fest und zog die Widerstrebende mit männlichem Enthusiasmus auf die alte Ruine zu.

»Wir wollen hineingehen«, lachte er, »und dem Geist guten Tag sagen.«

Jinny versuchte, ihn zurückzuhalten, aber er zog sie hastig mit sich fort. Sie folgte ihm halb zögernd und halb willenlos.

»Dick – ich fürchte mich – es sieht so dunkel und unheimlich aus. Es ist wie mein Traum in der letzten Nacht –«

»Unsinn, Jinny, Träume sind Schäume. Sei nicht kindisch. Komm schon. Laß uns nachsehen, wie es von innen ausschaut.«

Widerstrebend folgte Jinny ihm auf die Veranda, deren Bohlen sich ächzend unter ihrem Gewicht senkten. Sie lugten gemeinsam durch das offene Loch, das früher einmal die Eingangstür gewesen sein mußte. Drinnen herrschte Finsternis. Es roch nach verschimmeltem Mörtel und von Termiten zerfressenem Holz. Sie hörten, wie Ratten hin und her huschten. Für das gespenstige Rascheln und Knacken und Knistern konnten sie keine Erklärung finden.

Jinny zitterte. »Dick, ich fürchte mich so. Auch wenn du mich für albern hältst: bitte, laß uns umkehren.«

»Wenn du Angst hast, ist es für dich das Schlimmste, dieser Angst nachzugeben, Jinny. Glaub mir! Komm herein! Ich bin bei dir, was soll dir da passieren?«

Dick zog, und Jinny folgte ihm bebend ins Haus.

Drinnen war es noch viel unheimlicher!

Ihre Augen gewöhnten sich langsam an das Schummerlicht, und sie konnten nach und nach alles erkennen: die Löcher in den Wänden, den Schimmel, die zerbrochene Treppe, die einstmals in den ersten Stock geführt hatte, die angefressenen, verfaulten Balken — und den Strick, der an einem verrosteten Nagel befestigt war und von der Decke baumelte.

Es war ein alter, verwitterter, ausgefranster Strick, aber er schien zu leben, sich sanft zu drehen und zu winden. Es schien, als sei er hungrig und voller Erwartung — und er endete in einer Schlinge.

»Mein Traum!« schrie Jinny voller Entsetzen. »Es stimmt alles: Das alte Haus — dieser Raum — und — der Strick. Dick!« Sie wollte sich von ihm losreißen. »Wir müssen fliehen!«

Doch er hielt sie mit eisernem Griff fest.

»Nimm dich zusammen, Jinny«, sagte er bestimmt. »Das ist die beste Methode, dich selbst zu heilen. Geh hin und fasse den Strick an und überzeuge dich, daß es nichts weiter als ein altes Tau ist, das jemand hier hängengelassen hat.«

»Nein, nein, nein! Sieh doch, wie es sich bewegt!«

»Das ist kein Wunder. Es zieht. Alle Fenster sind herausgebrochen. Komm!«

Jinny stand unter der unheimlichen Schlinge, die wie ein gierig geöffnetes Maul wirkte.

»Jinny.« Dicks Stimme war sanft und einschmeichelnd. »Schau, hier ist ein alter Stuhl. Steig hinauf – und leg dir die Schlinge um den Hals. Dann entfernst du sie wieder. Wenn du das getan hast, wirst du in deinem ganzen Leben nie wieder unter Alpträumen zu leiden haben. Sie können dir nichts mehr anhaben. Ich verspreche es dir!«

»Das kann ich nicht! Nein, niemals!« Jinny schauderte. Dann machte sie sich mit einem Ruck von Dick frei. »Niemals, sage ich dir!«

»Du mußt, Jinny!« kam eine Stimme vom Eingang her, und Jinny fuhr herum und starrte die Sprecherin an. Marion und Bert, die wie zwei Schatten aus dem Nichts zu kommen schienen, standen auf einmal am Eingang. Sie kamen langsam näher, blieben dicht vor ihr stehen und berührten sie. Jinny stand regungslos und zitterte am ganzen Leibe. Sie glich einem gehetzten Tier, das in eine Falle geraten war.

»Es geschieht nur zu deinem Besten, mein Kind«, sagte Marion mit sanfter, gütiger Stimme. »Es wird dich von deinen Alpträumen befreien. Diese Idee stammt nicht von mir, sondern vom Arzt. Dick, stell den Stuhl hin! Bert, heb sie auf den Stuhl!«

In Sekundenschnelle hatten die beiden Jinny gepackt und auf den Stuhl gehoben. Die Schlinge lag um ihren Hals, und der Strick preßte sich gegen ihre zarte Kehle. Jinny war unfähig, sich zu rühren. Das Zittern, das sie befiel, lag außerhalb ihrer Kontrolle.

Plötzlich wurde sie sehr ruhig. »Ihr wollt mich umbringen«, sagte sie und blickte auf die drei hinab. Ihre Augen waren übergroß und leuchtend in ihrem bleichen Gesicht. »Ich bin euch im Wege, und deshalb wollt ihr mich töten. Ihr habt auch Alice umgebracht. Ich kann es euch vom Gesicht ablesen.«

»Aber natürlich, du kluges Kind«, meinte Marion leichthin. »Ich habe Alice ein Betäubungsmittel in den Kaffee getan, den sie getrunken hatte, ehe sie zum Schwimmen ging. Aber dich werden wir nicht töten, mein Schatz. Du wirst dir selbst das Leben nehmen. Du bist schwermütig und prädestiniert zum Selbstmord. In der letzten Nacht hattest du wieder deine Angstzustände. Heute sind wir gewandert, und als du dieses alte Haus entdeckt hast, hast du den Strick gefunden, ihn an dem Haken an der Decke befestigt – und dann deinen Traum in die Wirk=lichkeit umgesetzt. Du hast dich selbst getötet. Wir hätten natür=lich besser auf dich aufpassen müssen, aber du hast dich heimlich von uns weggeschlichen und in einem erneuten Anfall von De=pression Selbstmord begangen.

Dick, nimm den Stuhl weg! Bert, laß sie langsam los. Es muß natürlich aussehen. Sie wird nach dem Strick langen. Beim Versuch, ihr Leben zu retten, wird die Haut von ihren Händen gerieben. Auch beim Selbstmord würde sie in ihrer Todesangst instinktiv nach dem Seil greifen. Ihre Kräfte werden sie schnell genug verlassen.«

Dick zog den Stuhl fort. Bert ließ Jinny langsam sinken und trat dann einen Schritt zurück. Als das Mädchen hing, umklam=merten ihre schmalen Hände das Seil. Sie bemühte sich, ihr Ge=wicht abzufangen, aber der Druck der Schlinge auf ihrer Kehle wurde unerbittlich stärker. Als ein letzter Strahl der unter=gehenden Sonne in den öden Raum fiel, warf Jinnys zuckender Körper gespenstische Schatten an die Wand. Ihre würgenden Laute zeigten an, daß sie noch verzweifelt um ihr Leben kämpfte.

»Und jetzt kommt der Stuhl wieder unter das Seil! Aber ein bißchen plötzlich!«

Es war kein Mitglied der Farrington=Familie, das diese Worte sprach. Sie kamen aus dem Munde von Mr. Downey, der seine Schrotflinte auf die Farrington=Familie richtete. Neben ihm stand Sheriff Lamp, ein großer, kräftiger Bursche, der nur selten redete, dessen Gesicht aber jetzt höchste Mißbilligung aus=drückte.

»Zurück mit dem Stuhl, habe ich gesagt!«

Die Stimme des kleinen, unscheinbaren Mr. Downey hatte einen metallharten Klang.

Bert stellte widerspruchslos wieder den Stuhl unter Jinnys Füße. Das Mädchen stand steif da. Dann löste es mit klammen Fingern die Schlinge vom Hals. Staksig stieg Jinny vom Stuhl.

»Einen schrecklichen Augenblick lang habe ich befürchtet, daß Sie nicht rechtzeitig kommen würden, Mr. Downey«, sagte sie. Ihre Stimme hatte nichts mehr mit der eines Kindes zu tun.

»Wir waren genau zur verabredeten Zeit hier«, sagte Mr. Downey. »Wir konnten aber erst nach einer kleinen Verzöge=rung eingreifen. Wir haben die Unterhaltung vom Fenster aus verfolgt und mußten im entscheidenden Moment um das Haus herum zur Eingangstür gehen, um zu vermeiden, daß Sie zwischen uns hängen — äh — sind.«

Jinny warf den drei Farringtons, die wie eingefroren dastanden, einen eiskalten Blick zu.

»Ihr habt Alice umgebracht«, sagte sie mit schneidender Stimme. »Es muß so sein. Ich habe es die ganze Zeit gefühlt. Ich habe Alice geliebt; aber sie war dumm und unscheinbar. Es war mir klar, daß sie nur jemand des Geldes wegen heiraten würde. Ich habe mir geschworen, nicht eher zu ruhen, bis ich euch des Mordes an Alice überführen konnte. Da ihr sie im Ausland umgebracht habt, waren mir die Hände gebunden. Um euch zu entlarven, mußte ich euch dazu bringen, daß ihr den Versuch macht, auch mich aus dem Weg zu räumen. Und das mußte natürlich vor Zeugen vor sich gehen.

Ich wußte von Anfang an, daß ich mich auf ein Risiko einlasse. Aber ich habe an der Universität Psychologie studiert und außerdem in Mr. Downey einen Super-Sherlok Holmes gefunden. Darum war ich der Überzeugung, daß eigentlich nichts schiefgehen könnte. Ich habe vorgegeben, Alpträume zu haben, um bei euch den Eindruck zu erwecken, ich sei ein übernervöses Kind. Als ich gestern abend erlebt habe, daß ihr mich seelenruhig giftige Pilze essen lassen wolltet, hielt ich den Zeitpunkt zum Handeln für gekommen. Darum habe ich alles unternommen, damit ihr auf die Idee mit dem Hängen verfallen solltet. Ich hätte es nicht so gerne gehabt, wenn ihr versucht hättet, mich den Felsen hinabzustürzen, denn ich hätte wahrscheinlich nicht die körperliche Kraft gehabt, das zu verhindern.

Wie man sieht, ist alles nach Wunsch verlaufen. Ihr habt es mir wahrlich nicht schwer gemacht. Ihr wart so leichtgläubig und so naiv, daß es ein leichtes war, euch zu durchschauen und dahin zu bringen, wohin ich euch haben wollte. Ihr hättet eure Gesichter sehen sollen, als ich die Schüssel mit den Pilzen umgestoßen habe und damit euren simpelsten Plan zunichte machte. Die wenigen Pilze, die ich gegessen habe, waren selbstverständlich harmlos. Es war zum Totlachen.«

Aber Jinny konnte bei der Erinnerung an diese Szene nicht lachen. Sie wandte sich mit unbeweglichem Gesicht zu Mr. Downey und dem Sheriff.

»Ich kann die drei nicht mehr sehen. Bitte, führen Sie sie weg.«

Die Farringtons gingen schweigend, gefolgt von den beiden bewaffneten Männern, aus dem Raum. Mit einigem Abstand folgte Jinny Wells. Hinter ihr bewegte sich die Schlinge im Durchzug. Das Seil tanzte und wand sich.

Die Farringtons waren, wie eingangs erwähnt, wirklich eine reizende Familie, wenn man gewillt war, einige schlechte Angewohnheiten zu übersehen.

Jinny Wells war offensichtlich nicht der Typ, der dazu bereit war.

JONATHAN CRAIG

Nennen Sie mich Cal

Es kann keinem schaden, sich hin und wieder an gutes Benehmen zu erinnern. Ich möchte Ihnen anhand eines abschreckenden Beispiels berichten, welche gräßlichen Folgen es haben kann, wenn jemand unbedingt darauf besteht, die Förmlichkeiten fallenzulassen.

Harvey Wilson war ehrlich bemüht, ein guter Gastgeber zu sein und sich auf die Gegenwart zu konzentrieren. Doch seine Gedanken wollten immer der Zeit vorauseilen. Sie kreisten um die Chance, die er vielleicht innerhalb der nächsten Stunde haben würde. Er fühlte, daß die heutige Nacht *die* Nacht sein würde. Wenn ihn sein Gefühl trog, wäre es nur ein erneuter Versuch, der an einer fatalen Kleinigkeit scheiterte. Dann bliebe ihm nichts weiter übrig, als auf die nächste Gelegenheit zu warten. Und das Warten war das zermürbendste an dieser ganzen Geschichte.

Harveys Gast nahm einen Schluck aus seinem Glas. Seine Augen schweiften anerkennend durch das winzige Wohnzimmer. »Sehr hübsch haben Sie es hier, Harve«, sagte er. »Sie haben mir einmal gesagt, daß Sie in der Wohnung alles selber gemacht haben. Das ist wirklich kaum zu glauben.« Er lallte ein wenig, denn er hatte seit seiner Ankunft ununterbrochen getrunken.

Harvey nickte geschmeichelt. »Alles — bis auf die elektrischen Anschlüsse, Mr. Lambert. Da habe ich es doch vorgezogen, einen Fachmann zu nehmen. Und Doris —«, er lächelte zu seiner Frau hinüber, die neben Calvin Lambert auf dem Sofa saß, »hat das Streichen übernommen. Sie war im Handumdrehen damit fertig.«

Doris schlug die Beine übereinander und starrte stirnrunzelnd auf die Wände. Sie war Ende Zwanzig. Schwarzes Haar umrahmte ihr puppenhaftes Gesicht und fiel bis auf die Schultern. Ihre Beine waren makellos, und ihr Körper hatte jene üppigen, herausfordernden Formen, die in ein bis zwei Jahren überreif sein würden. Die dunklen Augen mit den unwahrscheinlich langen Wimpern blickten leicht verschwommen. Sie hatte ebenfalls einiges an Whisky in sich hineingeschüttet.

»Ich habe nur gestrichen, weil Harvey darauf bestanden hat«, sagte sie, und es klang entschuldigend. »Ich bin an sich nicht der Typ, der mit Freude einen Malerpinsel schwingt, Mr. Lambert.« Sie schaute auf ihr Glas und hielt es dann ihrem Mann mit ausgestrecktem Arm entgegen. »Gieß mir noch einen ein, Harvey. Aber tu um Himmels willen diesmal auch etwas Whisky hinein.«

Harvey stand auf, nahm ihr Glas und schaute Lambert an. »Wie ist es mit Ihnen, Sir? Darf ich Ihnen noch einen Whisky einschenken?«

»Das ist eine ausgezeichnete Idee, Harve«, sagte Lambert. »Wenn es so kalt wie heute ist, muß man sich von innen aufwärmen.«

Harvey lächelte seinen Gast an und stellte wieder einmal fest, daß Lambert mit seinen vierzig Jahren zweifellos besser aussah, als er selbst mit zwanzig ausgesehen hatte. Lambert war der so beliebte Typ mit den grauen Schläfen.

»Es tut mir leid, daß es hier so kalt ist«, meinte Doris. »Aber in diesem Haus ist einfach alles zu klein. Selbst dieser Hochofen.« Sie schnitt eine Grimasse und deutete auf den transportablen Gas-Heizofen, der mitten im Zimmer stand.

»Aber ich bitte Sie, so war es nicht gemeint«, sagte Lambert. »Mir ist die Temperatur gerade recht.«

Doris würde auch nicht frieren, kam es Harvey in den Sinn, wenn sie sich nur dazu entschließen könnte, etwas unter ihrem Kleid zu tragen. Aber das tat sie niemals. Sommer wie Winter hatte sie außer ihrem Kleid, Rollstrümpfen und hochhackigen Schuhen nichts an.

»Also zwei neue Drinks«, meinte Harvey. »Möchten Sie noch einmal das gleiche haben, Mr. Lambert?«

»Ja bitte. Aber nennen Sie mich bitte Cal, Harve. Mir ist

es unangenehm, wenn ich die Gastfreundschaft eines Mannes genieße, seinen Whisky trinke und von ihm dann förmlich mit ›Mr. Lambert‹ angeredet werde.« Er wandte sich lächelnd Doris zu. »Wollen Sie mich nicht beide Cal nennen? Ja? Dann sind wir Doris und Harve und Cal. Ja?«

Doris, die immer noch mit übereinandergeschlagenen Beinen dagesessen hatte, stellte ihre Füße jetzt wieder nebeneinander. Sie tat es — wie immer —, ohne dabei auf ihr Kleid zu achten. »Das wäre nett«, meinte sie.

»Abgemacht«, lachte Lambert. »Ich halte gar nichts von der altmodischen Ansicht, daß ein Mann zu einem anderen ›Mister‹ oder ›Sir‹ oder dergleichen sagen muß, nur weil der andere zufällig sein Chef ist. Sind Sie nicht auch meiner Meinung, Doris?«

Die Frau nickte. »Ja.« Dann schaute sie ihren Mann an. »Wenn du dort wie ein Denkmal stehenbleibst, werden wir nie etwas zu trinken bekommen.«

Harvey murmelte etwas Unverständliches und stieß die Schwingtür zur Küche auf. Von der Küche aus hörte er, wie eine Sprungfeder des Sofas knarrte. Diesem Geräusch folgte ein unterdrücktes Kichern von Doris, und dann hörte Harvey keinen Ton mehr aus dem Wohnzimmer. Er ging zum Spülbecken, wo Whisky und Soda im kalten Wasser standen.

Die Uhr über dem Ausguß zeigte zwanzig Minuten nach neun. Harveys Dienst fing um Mitternacht an. Er verbrachte seine Zeit — abgesehen von einer kurzen Pause um vier — damit, hin und wieder einen Blick auf die Lampen und Zeiger der Kontrolltafeln zu werfen, die sich im Keller von Cal Lamberts Fabrik für Plastik-Platten befanden. Ihm mißfiel diese Arbeit im höchsten Maße, aber er fand bei dieser Tätigkeit die Zeit, sich beruflich fortzubilden. Die Bezahlung war nicht schlecht. Mehr Geld konnte er mit seiner mangelhaften Berufsausbildung nirgendwo in der Stadt verdienen. Heute freute er sich besonders auf die behagliche Wärme seines Verschlages im Keller der Fabrik und auf seinen Stapel technischer Magazine.

Und darüber hinaus war heute die Nacht, in der es vielleicht klappte.

Er ließ sich beim Mixen der Getränke Zeit und summte leise vor sich hin. Als er fertig war, nahm er in jede Hand ein Glas und trat ans Fenster. Er schaute nachdenklich über den dunklen Platz, der sein Haus von Cal Lamberts Villa trennte. Lambert, der Junggeselle war, hatte das große Haus erst vor drei Wochen bezogen. Vorher hatte es fast ein halbes Jahr leergestanden. Die beiden Häuser waren im weiten Umkreis die einzigen Gebäude. Die meisten Leute wohnten entweder im Ort Lairdsville, wo sich auch Lamberts Fabrik befand, oder aber sie hatten sich weiter aufs Land zurückgezogen.

Harvey starrte gebannt auf die Umrisse von Lamberts Villa. Dann ging er zu der Schwingtür zurück, stieß sie mit der Schulter auf und trat in das Wohnzimmer.

Doris saß jetzt dicht neben Lambert. Ihr Kleidersaum war weit über die Knie gerutscht. Sie zog mechanisch das Kleid zurecht und streckte ihre Hand nach dem Glas aus.

»Ich dachte schon, Harvey, du hättest dich entschlossen, das Zeug selbst zu brennen.« Auf ihren Wangen waren dunkelrote hektische Flecke; ihre Lippen waren aufgeworfen und leicht geschwollen. So hatte Doris in den ersten leidenschaftlichen Wochen ihrer Ehe ausgesehen.

Harvey reichte den beiden die Gläser. »Das mit dem Brennen wäre keine schlechte Idee«, sagte er. »Mit unserem Bestand kommen wir heute nicht weit.«

»Hatte ich dir nicht gesagt, daß du heute morgen ein paar neue Flaschen mitbringen sollst?« meinte Doris mit hochgezogenen Augenbrauen.

»Doch, das hast du. Aber ich habe es einfach verschwitzt. Ich habe mit keiner Silbe mehr daran gedacht.«

»Typisch«, maulte Doris.

»Ich wußte nicht, daß wir heute abend Gesellschaft haben würden«, murmelte Harvey und lächelte entschuldigend zu Lambert. »Ich werde rasch in den Ort fahren und für Nachschub sorgen.«

Lamberts Gesicht war ausdruckslos. »Ich würde gerne zu mir hinübergehen«, meinte er. »Aber ich bin völlig ausgeplündert. Da steht bestenfalls noch eine Flasche Bier herum.«

»Harvey braucht dazu nur ein paar Minuten«, warf Doris ein. »Das macht ihm nichts aus.«

Lambert machte Anstalten, aufzustehen, aber aus der Langsamkeit der Bewegung war zu schließen, daß er nicht die Absicht hatte, sich wirklich zu erheben. »Ich werde Sie begleiten«, meinte er zögernd.

»Bleiben Sie nur sitzen, Mr. Lambert«, winkte Harvey ab. »Ich –«

»Cal!« brummte Lambert. »Harvey, zum Donnerwetter, nennen Sie mich doch Cal.« Seine Aussprache war nicht mehr sehr deutlich.

»Sicher, sicher, Cal. Wie dem auch sei, Sie brauchen nicht mitzukommen. Um ein paar Flaschen zu tragen, brauchen sich nicht zwei ausgewachsene Männer auf den Weg zu machen.«

»Nun ja«, meinte Doris, »es wäre erfreulich, wenn sich die beiden ausgewachsenen Männer irgendwie einigen könnten. Wir brauchen sehr bald ein neues Fläschchen.«

Harvey lachte vergnügt. »Hört euch ein paar Schallplatten in der Zwischenzeit an. Ich bin gleich zurück.« Er griff seinen Mantel, der an dem Kleiderständer neben der Haustür hing. Hinter dem Kleiderständer war ein großer Spiegel, und während sich Harvey den Mantel zuknöpfte, konnte er sehen, wie sich Lambert mit breitem Grinsen zu Doris drehte und dann wieder wegschaute, wobei er die Lippen spitzte, als ob er pfeifen wollte.

Die Fahrt nach Lairdsville dauerte knapp zehn Minuten. Harvey parkte seinen Wagen vor ›Teddys Schankstube‹ und ging hinein. An der Theke lehnten zwei Männer: Bill Wirt und Gus Bialis. Als Harvey zu ihnen trat, beschimpften sie ihn lärmend und herzlich. Beides waren Freunde von ihm von Kindesbeinen an und darüber hinaus seine Saufkumpane, bis zu dem Tag vor vier Jahren, als er Doris geheiratet hatte. An einem Tisch am Ende der Theke saß George Helm, der auch zu Harveys Freunden zählte, aber nie einen Tropfen Alkohol trank.

»Ich brauche ein paar Flaschen vom üblichen, Ted«, sagte Harvey und lehnte sich über die Theke. »Und geben Sie mir auch ein paar Flaschen Soda mit, damit ich den Whisky etwas verlängern kann.«

»Diese Sünde!« brummte Ted entrüstet und griff in das Regal, in dem der Whisky zum Flaschenverkauf stand. »Wenn Sie diesen edlen Saft verderben wollen, können Sie gleich Milch oder Coca oder Orangensaft trinken.«

»Es muß etwas Furchtbares passiert sein«, sinnierte Bill Wirt. »Harvey und seine Dame pflegen sonst Whisky pur zu trinken. Was ist denn über euch hereingebrochen?«

»Nichts Besonderes«, sagte Harvey. »Cal Lambert ist vorbeigekommen. Ich glaube, man nennt so etwas einen Nachbarschaftsbesuch.«

Bill warf Gus Bialis einen vielsagenden Blick zu und schaute dann Harvey an. »Du willst doch damit nicht sagen, daß du deine Frau mit Lambert allein gelassen hast und hier in aller Seelenruhe hochprozentigen Nachschub holst? Hast du das vielleicht wirklich getan?« Er schüttelte fassungslos seinen Kopf über so viel Unverstand. »Mein lieber Schwan, du setzt aber ein Vertrauen in die weibliche Natur! Machst du dir gar keine Sorgen, daß du die beiden da draußen alleine gelassen hast?«

Harve grinste. »Ich verberge meine Angst geschickt.«

Bill glotzte ihn an. »Was weißt du überhaupt von der weiblichen Natur?« lallte er.

»Schau ihn dir an«, grunzte Gus Bialis. »Er würde für sie seine Hand ins Feuer legen. Wir wissen alle, daß seine kleine Frau treu wie Gold ist – aber ich sage immer: Man soll das Schicksal nicht herausfordern!«

»So ist es!« grölte Bill. »Weiß Gott, du hast ja so recht, Gus!«

Harvey grinste immer noch, bezahlte und ging mit seinen Flaschen an die frische Luft. George Helm stand vor der Tür. Er hatte offensichtlich auf Harvey gewartet.

»Ich habe gar nicht gesehen, daß du hinausgegangen bist«, sagte Harvey. »Wie geht es dir, George?«

»So la la.« George zuckte die Achseln und vermied es, Harvey in die Augen zu blicken. Er war ein kleiner, gedrungener Mann, Anfang Fünfzig, mit einer Glatze. Er verdiente seinen Lebensunterhalt durch den An- und Verkauf gebrauchter Möbel.

»Ich hätte gerne mit dir unter vier Augen gesprochen, Harvey«, sagte er.

Harvey wuchtete die Flaschen unter den anderen Arm und nickte freundlich. »Schieß los, alter Junge.«

George schlug seine Hände mit den Fausthandschuhen zusammen und duckte im eisigen Wind seine Schultern. »Ganz schön kalt heute, nicht wahr?«

»Das kann man wohl sagen. Also, was hast du auf dem Herzen?«

»Tja —«, begann George zögernd, »wenn man es recht betrachtet, geht es mich natürlich überhaupt nichts an ...« Er machte eine hilflose Pause, ehe er fortfuhr: »Du weißt, daß ich ziemlich viel herumkomme, Harvey. Das bringt mein Geschäft so mit sich. Man muß sich mit allen möglichen Leuten unterhalten, und dabei kommt einem einiges zu Ohren. Du weißt, wie das ist. Man hört so manchen Tratsch — zum Beispiel, wenn es die Ehefrau eines Freundes mit einem anderen treibt. Du verstehst, was ich meine?«

»Sicher, sicher«, sagte Harvey ein wenig ungeduldig, »aber —«

»Hör mir bitte eine Minute zu, Harvey. Was ich dir sagen möchte, ist eine höchst heikle Angelegenheit. Wie würdest du dich verhalten, wenn du so etwas erfährst? Würdest du dem Ehemann die Augen über seine Frau öffnen? Findest du nicht, daß es ungerecht ist, wenn der eigene Ehemann immer erst als letzter — wenn überhaupt — etwas von den Seitensprüngen seiner Frau erfährt?«

Harvey runzelte die Stirn. »Tja ... zum Teufel ... da kann man als Außenstehender schwer etwas sagen ...«

»Versuch doch einmal, dich in die Lage des betrogenen Ehemannes zu versetzen. Wenn du der Betreffende wärst, würdest du nicht wissen wollen, was vorgeht?«

Harvey machte einen Schritt auf sein Auto zu und blieb dann wieder stehen. »Ich glaube schon, George«, meinte er nachdenklich. »Aber die Menschen sind nicht alle gleich. Einige würden bestimmt friedlicher weiterleben können, wenn sie nichts wüßten.«

»Das schon«, mußte George zugeben, doch dann fuhr er hartnäckig fort: »Aber kannst du verstehen, Harvey, daß ich, wenn ich so etwas höre, es einfach als meine Pflicht ansehe —«

Harvey seufzte und trat einen weiteren Schritt auf seinen Wagen zu. »Das mußt du selber wissen, George. In einem solchen Fall kann dir kein Mensch die Entscheidung abnehmen.«

George war mit Harvey zusammen weitergegangen und versuchte, im Gesicht des Freundes zu lesen. »Stell dir doch nur einmal kurz vor, du wärst jener Mann«, sagte er eindringlich. »Was würdest du tun, wenn du herausfinden würdest, daß deine Frau dir Hörner aufsetzt?«

Harvey öffnete langsam die Autotür und verstaute die Flaschen bedächtig auf dem Rücksitz. Dann setzte er sich hinter das Steuer. Als er die Tür schließen wollte, hielt George sie fest.

»Nun?« bohrte George. »Du hast meine Frage noch nicht beantwortet. Was würdest du tun, wenn du der betreffende Ehemann wärst und erfahren würdest, daß dich deine Frau hintergangen hat?«

Harvey holte tief Luft. «Ich würde versuchen, herauszufinden, wie es dazu kommen konnte. Und wahrscheinlich würde ich dann die Schuld bei mir entdecken.«

George klappte der Unterkiefer herab: »Bei dir?«

»Ja sicher«, meinte Harvey nachdenklich. »Es ist in einem solchen Fall immer leicht, die Frau zu verdammen, George. Ich würde mir darüber den Kopf zerbrechen, was ich getan oder unterlassen habe, um sie so weit zu bringen. Irgend etwas müßte mit mir nicht stimmen ... Ich würde mich dann wahrscheinlich mit ihr zusammensetzen und alles durchsprechen. Und wenn ich erkennen würde, worin mein Versagen bestand, würde ich alles daran setzen, ihr das klarzumachen.«

George schnaufte gewaltig und betrachtete den Freund wie ein Lebewesen von einem anderen Stern. »Du würdest nichts mit ihr machen? Nicht einmal verprügeln? Und der andere? Der käme ungeschoren davon?«

Harvey war sehr ruhig und sagte bestimmt: »Ich wüßte, daß ich den Fehler bei mir zu suchen hätte. Warum sollte ich für mein Versagen einen anderen bestrafen wollen?«

»Großer Gott, ich werde verrückt«, flüsterte George. »Das darf doch wohl alles nicht wahr sein.«

Harvey lächelte milde. »Du solltest besser nach Hause gehen, George«, sagte er und schloß die Wagentür.

Als Harvey das Wohnzimmer betrat, tanzten Doris und Cal zur Musik, die vom Plattenspieler kam. Sie hatten inzwischen offensichtlich den restlichen Whisky ausgetrunken. Sie tanzten engumschlungen und bewegten nur die Füße.

Doris hielt in der Bewegung inne und löste sich von Lambert. Sie nahm Harvey die Flaschen ab und torkelte wortlos in die Küche. Ihre schwarzen Haare waren völlig aufgelöst, und Harvey entdeckte eine Anzahl horizontaler Falten in ihrem Kleid.

Cal Lambert trug einen selbstzufriedenen Ausdruck zur Schau. Es schien, als habe er in der Zwischenzeit übermäßig geschwitzt, denn er hatte seine Krawatte über dem blütenweißen Hemd gelockert.

»Harve!« krähte er. »Wir haben schon gedacht, Sie hätten sich verfahren.«

»Ich bin ein paar Minuten aufgehalten worden«, grinste Harvey.

Lambert grinste zurück und warf einen raschen Blick auf die Küchentür, ehe er augenzwinkernd fragte: »Schätzungsweise einsfünfundsechzig groß? Mit einem ›hallo, Kleiner!‹ und so weiter?«

Harvey stellte fest, daß sein Gast inzwischen sehr betrunken war. Das schnelle und viele Trinken hatte ihm eine ganz schöne Schlagseite eingebracht. Er war zwar noch nicht so hinüber wie Doris, aber das würde nicht mehr lange auf sich warten lassen. Harvey schüttelte den Kopf. Lambert schlug ihm auf die Schulter und fragte vertraulich weiter: »Oder saß irgendwo eine angeheiterte Biene auf dem Barhocker«

Harvey lachte: »Nichts dergleichen, Mr. Lambert.«

»Cal.«

»Nichts dergleichen, Cal.«

Lambert schüttelte betrübt den Kopf. »Zu traurig, alter Knabe, zu traurig. Vielleicht haben Sie beim nächstenmal mehr Glück.«

Doris kam aus der Küche zurück. Sie brachte für sich und Lambert einen neuen Whisky und für Harvey einen Orangensaft. »Du mußt bald zur Arbeit gehen, Harvey«, sagte sie mit schwerer Zunge. »Ich nehme an, daß du darum keinen Alkohol mehr trinken willst.«

»Du hast recht, Orangensaft ist jetzt das richtige für mich. Absolut das richtige.«

Doris hob ihr Glas und warf ihrem Mann über den Rand einen schwer zu deutenden Blick zu. Dann leerte sie es gierig in einem Zug. »Hast du das gesehen, Harvey? Das tut keine Dame, nicht wahr?« Sie wandte sich lächelnd zu Lambert. »Wollen Sie mir nachstehen, Cal?«

Lambert zögerte einen Augenblick, dann folgte er achselzuckend ihrem Beispiel. Als er das Glas geleert hatte, waren ihm die Tränen in die Augen geschossen. Er wischte sie mit dem Handrücken weg und stöhnte: »Junge, Junge, das habe ich seit meiner Studienzeit auch nicht mehr getan.«

»Ich hatte nicht einmal dazu Gelegenheit«, sagte Harvey.

»Hör damit auf«, sagte Doris mit einem ärgerlichen Unterton. »Du tätest besser, daran zu denken, daß dein Dienst bald anfängt.«

Harvey schaute auf seine Armbanduhr. Es war viel später, als er gedacht hatte. Die Uhr zeigte Viertel nach elf. »Du hast recht, Doris.«

Harveys Frau warf Lambert einen lächelnden Blick zu und verschwand mit den leeren Gläsern in der Küche.

»Es ist ein Jammer, daß Sie weg müssen«, meinte Lambert.

Harvey lachte resigniert und hob die Schultern. »Dienst ist Dienst und Schnaps ist Schnaps.«

Cal lamentierte weiter, was das für ein Jammer sei, bis Doris mit den gefüllten Gläsern zurückkam. Sie taumelte zum Sofa und ließ sich schwer fallen. Dabei rutschte ihr Kleid bis fast zum Strumpfrand hinauf.

»Kommen Sie näher zu mir, Cal«, nuschelte sie.

Lambert starrte sekundenlang auf die Frau, dann befeuchtete er seine Lippen und zwang sich, dem Herrn des Hauses ins Auge zu blicken. »Ich denke, es ist besser, wenn ich jetzt gehe, Harve«, murmelte er mit gequältem Lächeln.

»Seien Sie nicht albern«, sagte Harvey höflich, »es wäre wirklich zu dumm, eine Party abzubrechen, nur weil ich zur Arbeit gehen muß.«

Lambert, der sich krampfhaft bemühte, nicht zu Doris hinzuschauen, sagte mit schiefem Lächeln: »Tja ... wenn Sie meinen, Harve ... ich möchte nicht, daß Sie denken könnten ...«

Harvey lachte unbekümmert. »Machen Sie die Sache nicht spannender, als sie ist, Cal. Ich kenne meine Frau – und ich kenne Sie. Es wäre traurig um diese Welt bestellt, wenn man sich Gedanken machen müßte, seine eigene Frau mit seinem Chef allein zusammen zu lassen.«

Lambert tätschelte Harveys Arm. »Zum Teufel, Sie haben völlig recht.«

Harvey blickte wieder auf seine Uhr. »Du meine Güte! Es ist gleich halb zwölf, ich muß mich auf den Weg machen.« Er wandte sich ab und ging auf die Haustür zu.

Doris blickte ihm nicht sehr geistreich nach, dann zuckte sie die Achseln und widmete sich ihrem Glas.

Harvey öffnete die Tür und blieb mit der Hand auf der Klinke stehen. »Nun denn, gute Nacht. Es tut mir wirklich leid, daß ich nicht bleiben kann, aber –«

»Menschenskind«, sagte Doris. »Komm entweder wieder herein oder mach die Tür von draußen zu. Hier ist es, weiß Gott, kalt genug. Wir können auf die herbe Winterluft gut verzichten.«

Harvey ging, ohne ein weiteres Wort zu sagen.

Kurz vor der Pause um vier Uhr machte Harvey seinen letzten Kontrollgang durch den Keller der Fabrik. Dann nahm er seinen Mantel vom Haken und eilte den schwach beleuchteten Gang entlang, der zum Parkplatz am Ende des Gebäudes führte.

Es könnte wirklich die richtige Nacht sein, dachte er mit finsterer Zufriedenheit. Wenn es ihm heute gelänge, die kurze Strecke zwischen der Fabrik und seinem Haus zurückzulegen, ohne jemanden zu treffen, hätte er es geschafft. Das war sein vierter Versuch. Eine innere Stimme sagte ihm, daß es heute gelingen würde.

Harvey hatte nicht auf dem Parkplatz, der zur Fabrik gehörte, geparkt, sondern seinen Wagen am Straßenrand am Ende des Platzes abgestellt. Er wußte, daß die Straße so abschüssig war, daß er den Wagen nicht zu starten brauchte, sondern nur den zweiten Gang einlegen mußte, um ihn anspringen zu lassen. Das würde bedeuten, daß der alte Wachmann, der am hinteren Ende der Fabrik seinen Dienst tat, den Wagen nicht hören konnte. Sehen konnte er ihn sowieso nicht, da dieser Teil der Fabrik von einer Mauer umgeben war.

Nein, der alte Wachmann war wirklich kein Problem. Die Gefahr lag nur darin, jemanden auf der Straße zu treffen. Man sollte annehmen, daß um vier Uhr morgens, besonders um diese kalte Jahreszeit, überhaupt keine Autos unterwegs wären. Doch drei gescheiterte Versuche hatten Harvey gezeigt, daß man sich darauf nicht verlassen konnte. Obwohl er weder die Fahrzeuge noch die Fahrer gekannt hatte, hatte er es bei den drei Versuchen vorgezogen, sein Vorhaben zu verschieben. Er wollte jedes unnötige Risiko ausschalten. Außerdem, wenn man es recht betrachtete: Was machten schon ein paar Tage oder Wochen Aufschub aus? Er hatte keine Eile. Wenn heute wieder etwas schiefging, würde eine andere Nacht folgen und noch eine und noch eine ...

Aber die Spannung blieb. Harvey fühlte ganz einfach, daß es heute nacht gelingen würde.

Er stieg in sein Auto und schaltete die Zündung an. Dann löste er die Bremse, trat die Kupplung durch und legte den Gang ein. Der Wagen rollte an und wurde nach und nach schneller. Harvey wartete, bis er fast das Ende der abschüssigen Strecke erreicht hatte, und ließ die Kupplung langsam los. Er lauschte auf das leise Bocken des Motors – dann lief der Wagen. Es war beinahe geräuschlos vor sich gegangen.

Er starrte gebannt in die Dunkelheit und pfiff nervös vor sich hin. Es war weit und breit kein Auto zu sehen. Es bestand natürlich immer noch die Gefahr, daß er auf dem Rückweg zur Fabrik jemanden treffen könnte. Das wäre schon sehr übel. Dann müßte er zu seinem Haus umkehren und alles das, was er tun wollte, rückgängig machen ...

Er bog von der Hauptstraße ab und fuhr den schmalen Weg entlang, der zur Rückseite seines Hauses führte. Leise stellte er den Motor ab und stieg aus.

Harvey stellte mit grimmigem Lächeln fest, daß alles ruhig und finster war. Genauso, wie es sein sollte. Er erreichte auf leisen Sohlen die Hintertür und drehte langsam den Schlüssel um.

Auf Zehenspitzen ging er durch die Küche und vermied es, auf die knarrende Diele in der Mitte des Raumes zu treten. Er öffnete die Tür zum Wohnzimmer. Dort war kein Mensch. Er nickte befriedigt. Auch das war genauso, wie es sein sollte. Über den kurzen Flur gelangte er zum Schlafzimmer und öffnete behutsam mit den Fingerspitzen die Tür.

Und da waren sie! Er wußte, daß er sie dort vorfinden würde. Es war genau wie bei den letzten drei Malen!

Der Mondschein fiel schräg durch das Fenster. Doris, die neben Cal Lambert lag, wirkte kleiner, als sie in Wirklichkeit war. Sie sah fast wie ein Kind aus. Die beiden atmeten tief und regelmäßig. Ihr tiefer Schlaf war die Folge des Alkoholgenusses und der Erschöpfung. Harvey brauchte nicht erst auf den Wecker zu sehen, der auf einem Stuhl neben dem Bett stand. Er wußte genau, daß er auf acht Uhr eingestellt war. Genau wie in den anderen Nächten. Er konnte sich gut vorstellen, wie es an den anderen Morgen ausgesehen hatte: Wenn Lambert erwacht war, kleidete er sich gewiß in Windeseile an und stürmte über den freien Platz zu seiner Villa. Und seine liebe Frau Doris stülpte sich ihr Hauskleid über und begann in der Küche zu hantieren, um das Frühstück für den Ehemann, den sie in knapp zwanzig Minuten erwartete, zu bereiten.

Nachdem sich Harves Augen an die Dunkelheit gewöhnt hatten, trat er dicht an das Bett heran und warf einen langen Blick auf Doris. Er sah jetzt, daß sie immer noch ihre Strümpfe und die hochhackigen Schuhe trug. Er beugte sich hinunter und fuhr mit den Fingerspitzen vom Strumpfrand aufwärts bis zur Hüfte und plötzlich konnte er nicht widerstehen, ihr kleines Fettpolster in der Taille zwischen Daumen und Zeigefinger zu nehmen und sie zu zwicken.

Sie rührte sich nicht.

Dann drückte Harvey die Handfläche seiner rechten Hand flach gegen Lamberts Nase. Cal bewegte im Schlaf unwillig den Kopf – das war alles.

Harvey schnaufte zufrieden. Eins war sicher: Er brauchte nicht zu befürchten, daß die beiden bald aufwachen würden.

Harvey trat vom Bett zurück und schaute sich abschätzend in dem kleinen, niedrigen Raum um. Man konnte sagen, was man wollte, es war wirklich alles so, wie es sein mußte. Er verließ auf Zehenspitzen das Schlafzimmer und holte aus dem

Wohnzimmer den transportablen Gas=Heizofen. Er stellte ihn im Schlafzimmer zwischen Bett und Fenster auf und zündete ihn an. Danach überzeugte er sich, ob das Fenster gut ver=schlossen war, damit von draußen keine frische Luft eindringen konnte.

Nach einem letzten Blick ging er aus dem Zimmer und schloß die Tür fest. Er verließ das Haus auf demselben Wege, wie er gekommen war.

Die Sterne funkelten, und der Motor seines Wagens war das einzige Geräusch, das die Stille durchbrach. Weit und breit war kein anderes Fahrzeug zu sehen. Er traf auch keinen Men=schen, als er hinter dem Fabrikgebäude geparkt hatte und zu seinem Keller zurückging. Nachdem er einen Blick auf die Kon=trolltafeln geworfen hatte, zog er sich in seinen Verschlag zu=rück. Er schaute auf seine Armbanduhr.

Genau vierunddreißig Minuten war er von seinem Arbeits=platz entfernt gewesen.

Ganze vierunddreißig Minuten hatte es gedauert, um seinen Fehler, eine Frau wie Doris geheiratet zu haben, zu korrigieren. In einer guten halben Stunde hatte sich ihm die Tür für ein neues Leben geöffnet. Oder besser gesagt, er sah die Chance vor sich, sein Leben, das er bei der Heirat aufgegeben hatte, weiterzuleben. Jetzt könnte er eine Schule besuchen und wei=terlernen, und in zwei Jahren hätte er das Wissen, das er brauchte, um nicht länger als Nachtwächter zu vegetieren. Es war natürlich ein Jammer, daß er sich nicht einfach von Doris hatte scheiden lassen können. Aber das wäre unmöglich ge=wesen. Er hätte sich an Unterhalt zum Krüppel zahlen können. Doris hätte aus einem Rachegefühl heraus versucht, ihm das Letzte abzuknöpfen. Dann wäre es ihm unmöglich gewesen, sich beruflich weiterzubilden, und er wäre ein Leben lang eine Null an einem Arbeitsplatz, der keiner war, geblieben.

Aber jetzt starb Doris, und er hatte die Chance, aus seinem Leben noch etwas zu machen. Die Lebensversicherung von Doris, die sie kurz nach ihrer Hochzeit abgeschlossen hatten, würde zwar nur ein= bis zweitausend Dollar bringen, aber wenn er das Haus und das Grundstück für schätzungsweise dreizehntausend und das Auto für fünfzehnhundert verkaufte, würden doch an die fünfzehntausend Dollar zusammenkom=

men. Und damit ließe sich schon etwas anfangen. Mit dieser Summe würde er während der zweijährigen Berufsausbildung gut über die Runden kommen. Das Geld würde sogar noch hin und wieder für eine Biene an der Bar reichen, die Lambert ihm noch vor wenigen Stunden verschmitzt empfohlen hatte.

Es kam Harvey in den Sinn, daß es eigentlich lustig wäre, daß er sich sowieso um seinen jetzigen Posten gebracht hatte, weil er Lambert gleich mit ins Jenseits befördert hatte.

Als Harvey um acht Uhr seine Stichkarte in den Kontrollapparat geworfen hatte, wünschte er sich selbst laut einen »Guten Morgen«. Prächtig gelaunt ging er die Stufen zur Werkskantine hinauf und bestellte ein Frühstück.

»Haben Sie sich mit Ihrer Alten verkracht?« erkundigte sich der Kassierer lachend, als er ihm den Rechnungsbon reichte.

Harvey sah ihn fragend an: »Wie kommen Sie darauf?«

»Wenn Sie wüßten, wie viele Männer aus diesem Grunde hier hin und wieder frühstücken.«

»Bei mir hängt der Haussegen nicht schief.« Harvey grinste breit. »Aber wir hatten gestern abend eine kleine Party, und ich finde, sie soll sich richtig ausschlafen.«

»Donnerwetter!« entfuhr es dem Kassierer. »Es sollte mehr Männer von Ihrem Schlag geben.«

Harvey bezahlte und ergriff sein Tablett. Als er sich an einem Ecktisch niederließ, tat er, als hätte er George Helm, der ein paar Tische weiter saß, nicht gesehen. George machte zwar gute Geschäfte mit seinen Gebrauchtmöbeln, aber er knauserte an allen Ecken und Enden. Er wohnte in einem billigen Pensionszimmer und versäumte nie, seine Mahlzeiten in der Fabrikskantine einzunehmen. George betonte zwar immer, daß er in der Kantine seine besten Geschäfte abschließen würde, aber Harvey wußte sehr gut, daß sein Freund einzig und allein der billigen Preise wegen hier aß.

Harvey hatte beschlossen, daß George derjenige sein sollte, der die Toten fand. Das würde sich ganz gut machen. Er hatte die Zeit sehr sorgfältig berechnet und wußte genau, wie lange der Sauerstoff für die beiden Menschen und die Flamme des Gasofens in dem engen Schlafzimmer reichen würde. War er verbraucht, würde die Flamme erlöschen und das Gas aus=strömen.

Es war Harvey sehr angenehm, George hier zu treffen. Hätte George an diesem Vormittag aus irgendeinem Grund das Früh=stück ausfallen lassen oder erst später zu sich genommen, hätte sich Harvey nach einem anderen für seinen Plan umsehen müssen.

»Harvey!« George winkte lebhaft. »Kommst du zu mir an den Tisch? Oder hast du dich über Nacht in einen Snob ver=wandelt?«

Harvey nahm grinsend sein Tablett und ging hinüber. »Es ist gut, daß ich dich hier treffe, George«, sagte er, als er sich setzte. »Ich wäre sonst nach dem Frühstück zu dir ins Büro gekommen.«

George rückte mit seinem Stuhl näher an Harvey heran und blickte ihn erwartungsvoll an. »Hat es etwas mit unserem Ge=spräch von heute nacht zu tun?«

»Keine Spur!« lachte Harvey. »Ich wollte wissen, ob du dich für gebrauchte Möbel interessierst.«

»Für deine?«

»Ja. Ich habe mich entschlossen, das ganze Haus neu einzu=richten. Vom Keller bis zum Boden. Wäre das etwas für dich?«

»Aber sicher«, nickte George. »Was willst du dafür haben?«

Harvey steckte sich eine Gabel Rühreier in den Mund. »Das gescheiteste wäre, du siehst dir alles einmal an. Ich weiß, daß du mich nicht übers Ohr hauen wirst.«

»Dummes Zeug. Natürlich nicht. Wann soll ich rauskom=men?«

»Ginge es gleich jetzt?«

»Ausgezeichnet. Soweit ich mich erinnere, hast du ein paar sehr hübsche Sachen, Harvey.«

»Ich will mich heute morgen ein wenig in den Möbelgeschäf=ten umsehen«, meinte Harvey. »Willst du nicht gleich hinaus=fahren? Doris wird dir alles zeigen.« Er machte eine kurze Pause und fuhr dann fort: »Es könnte allerdings sein, daß sie heute ein bißchen länger schläft. Wenn sie auf das Läuten nicht reagiert, geh ruhig um das Haus herum und klopfe an das Schlafzimmerfenster. Vielleicht mit deinem Autoschlüssel. Da=von wird sie bestimmt munter werden.«

»Wird gemacht.« George erhob sich leichtfüßig, was man ihm bei seiner gedrungenen Gestalt kaum zugetraut hätte. »Wir werden sicher ins Geschäft kommen, Harvey – bis bald.« Er wandte sich zur Tür.

»Du hast noch gar nicht zu Ende gefrühstückt.«

»Das Geschäft geht vor«, rief George über die Schulter zurück, als er aus der Kantine eilte.

Harvey aß langsam und in Ruhe. Seit Monaten genoß er wieder einmal eine Mahlzeit. –

Er wußte, daß er nicht lange zu warten brauchte. Es konnte sich nur noch um wenige Minuten handeln.

In diesem Augenblick müßte George an das Schlafzimmerfenster seines Hauses klopfen. Wenn sich nichts rührte, würde er gewiß durch das Fenster hineinschauen und die beiden auf dem Bett entdecken. Vielleicht befand er sich aber bereits auf dem Rückweg zur Stadt. Es war wirklich eine gute Idee, George die Toten finden zu lassen.

Und George mußte zurückkommen, denn Harvey hatte zu Hause kein Telefon, und Cal Lambert war nicht mehr in der Lage, George seins anzubieten. Was blieb also George weiter übrig, als mit der schrecklichen Botschaft selber zu kommen?

Als Harvey mit dem Essen fertig war, holte er sich eine zweite Tasse Kaffee und zündete sich eine Zigarette an. Er hatte jetzt keine Lust, zu ›Franklins‹ zu gehen, sich neue Möbel zeigen zu lassen und sich nach den Preisen zu erkundigen.

Außerdem würde ihn George wahrscheinlich zuerst in der Kantine suchen.

Er schlürfte mit Genuß seinen Kaffee. Es war seltsam, aber Doris fing jetzt schon an, in seiner Erinnerung zu verblassen. Der Mann Cal Lambert hatte ihn sowieso nie sonderlich interessiert. Er war lediglich der Begleitumstand, der erklärte, wieso Doris den Gasofen mit ins Schlafzimmer genommen hatte und aus Vorsorge Fenster und Tür geschlossen hatte.

Nach einigen Überlegungen kam Harvey zu der Überzeugung, daß es doch besser wäre, die Nachricht auf der Straße zu empfangen. Vielleicht rennt George doch zuerst zu ›Franklins‹ Möbelgeschäft, dachte er, und das wäre nur eine Zeitvergeudung. Er drückte bedächtig die Zigarette aus und erhob sich.

Harvey überquerte die Straße und blieb vor der Bank stehen, als wollte er warten, bis sie geöffnet würde. Als er sich gegen die Mauer lehnte und eine neue Zigarette anzündete, sah er George mit seinem uralten Wagen angerumpelt kommen. Er blickte ihm lächelnd entgegen.

George brachte seine alte Karre mit quietschenden Bremsen zum Stehen, sprang hinaus und stürmte auf Harvey zu. Sein Gesicht war leichenblaß, und die Augen schienen ihm fast aus dem Kopf zu fallen.

»Harvey!« schrie er mit heiserer Stimme. »O mein Gott, Harvey!«

Harvey blickte ihn erstaunt an. »Hast du ein Gespenst gesehen? Was ist los?«

George konnte nur stammeln. »Harvey, sie sind draußen ...«

»Sie sind draußen? Was soll das heißen? Ich verstehe kein Wort.«

»Ich habe sie im Zimmer gesehen«, sagte George mit irrem Gesichtsausdruck. »Auf dem Bett! Ich hatte auf einmal das Gefühl, daß etwas Schreckliches passiert sein mußte. Ich habe das Fenster eingeschlagen, das Gas schlug mir entgegen, und ich –«

»George!« sagte Harvey scharf. »Reiß dich zusammen! Wovon redest du?«

»O mein Gott, Harvey. Ich weiß wirklich nicht, wie ich es dir sagen soll. Es – war – deine Frau – und Cal Lambert.«

»Was?« brüllte George.

»Verdammt noch mal. Ich hasse es, dir das sagen zu müssen, Harvey. Sie lagen auf dem Bett. Und sie müssen vergessen haben, den Gasofen auszuschalten. Die Flamme muß seit Stunden aus sein. Sie sind – tot – Harvey – beide.«

»Du lügst!« schrie Harvey außer sich. »Warum sagst du das? Verdammt noch mal, warum belügst du mich, George?«

»Nein!« Georges Stimme zitterte, und er schluchzte fast. »Nein, Harvey, das tue ich nicht. Mein Mantel riecht immer noch nach Gas. Hier ...« Er hob seinen Ärmel, aber Harvey rührte sich nicht. »Es hätte mich beinahe auch erwischt, als ich eingedrungen bin. Es ist entsetzlich, Harvey.«

Harvey starrte seinen Freund eine Ewigkeit an und brachte keinen Ton hervor. Dann wandte er sich ab und ging auf

Georges Auto zu. Er ließ sich auf das Trittbrett fallen und verbarg sein Gesicht in den Händen.

Ich habe es geschafft, es ist überstanden, hämmerten seine Gedanken. Es hat alles genauso geklappt, wie ich es geplant habe. Ich kann in Ruhe ein neues Leben beginnen, wirklich in Ruhe ...

George kam langsam näher und legte tröstend seine Hand auf Harveys Schulter. »Armer Junge«, murmelte er. »Ich wollte, ich könnte dir helfen.«

Jay Street

Der letzte Trick

Zauberer werden Ihre Aufmerksamkeit immer auf eine Hand lenken, damit sie mit der anderen unbemerkt ihre Tricks ausüben können. Diese Technik, die man auch schlicht als Irreführung bezeichnen könnte, ist, nach Ansicht der Zauberer, eine große Sache, die gleich nach dem Siegeszug des Kaninchens als unvermeidliches Requisit der magischen Kunst kommt.

Sie zurrten den grobgeflochtenen Strick um Ferlinis Handgelenke und verknoteten ihn fest. Der schmächtigere der beiden Männer war besonders rührig: er riß und zerrte, daß man meinte, der Strick würde sich ins Fleisch bohren. Zufrieden grunzend legten sie ihm die Fußeisen um die Knöchel und ließen die schweren Schlösser zuschnappen. Dann prüften sie sehr genau und umständlich die Sicherheit der Schlösser. Als sie schließlich ihr Werk beendet hatten, keuchten sie zwar vor Anstrengung, blickten aber höchst zufrieden auf ihr Opfer, das hilflos vor ihnen lag.

Dann hielt die Frau ein Tuch vor den gefesselten Ferlini. Es dauerte keine Minute, bis Ferlini das Tuch selber herunterriß und triumphierend den Strick und die Eisenfesseln in seinen hocherhobenen Händen hielt.

Die Zuschauer des kleinen Klubs schnappten nach Luft und brachen dann in lärmenden Beifall aus. Ferlinis Wangen glühten bei diesem Geräusch. Er war sehr hellhäutig, fast ein Albino, und selbst die Wüstensonne konnte seine Gesichtsfarbe nicht verändern. Jedoch der Beifall eines Publikums färbte seine Wangen vor befriedigter Eitelkeit.

Die beiden freiwilligen Helfer aus dem Publikum schüttelten

ihre Köpfe und lächelten dämlich. Als sie zu ihren Tischen zurückkehrten, wurden sie von ihren hohnlachenden Freunden empfangen. Die Sechs=Mann=Kapelle spielte etwas, was mehr einem Wanderlied als einem Schlager glich. Wanda, Ferlinis Frau und Assistentin, bückte sich mechanisch nach dem Tuch, um es hinter die Bühne zu tragen. Sie hörte ein paar anerkennende Pfiffe und einen dünnen Beifall, aber sie wußte, daß das nur ihren Beinen, die ihr knappes Kostüm freigab, galt. Sie war über Vierzig, und ihr Gesicht sah nur noch unter einer dicken Schicht Theaterschminke einigermaßen passabel aus. Aber ihre Beine waren lang und jung und makellos.

Als sie auf dem Weg zu ihrer Garderobe war, vertrat ihr Baggett den Weg und sah sie mit seelenvollem Blick an. Er streckte seine Hand nach dem Vorhangtuch aus. »Laß mich das tragen.«

»Es ist besser, wenn du es nicht tust«, flüsterte Wanda.

»Er ist heute beim Publikum gut angekommen, nicht?«

Sie runzelte die Stirn. In den Falten platzte die Schminke ab. »Das ist bei dieser Meute kein Kunststück – die würden dir auch zujubeln.«

»Vielen Dank«, sagte Baggett, der ein mittelmäßiger Jazzsänger war, trocken.

»So habe ich es nicht gemeint, Tommy.« Wanda warf das Tuch über ein Brett, das an der Wand lehnte, und blickte mit leuchtenden Augen zu ihm auf. »Du weißt, was ich von dir halte, Tommy – ich meine – von deinem Gesang –«

»Nur von meinem Gesang?«

»Es ist besser, wenn ich gehe«, sagte Wanda leise.

Als sie die Garderobe betrat, fand sie ihren Mann in bester Laune vor. Doch diese Art von gehobener Stimmung gefiel Wanda am wenigsten. Während er die Schultern kräftig mit einem Handtuch abrieb, starrte er in den Spiegel und entblößte seine großen, starken Zähne zu einem gefälligen Grinsen. »Gott, war ich heute gut. Ich war einfach fabelhaft«, sagte er glücklich. »Heute wäre ich auch aus Stahlkisten herausgekommen. Hast du dieses Bürschchen gesehen?« Er brach in ein dröhnendes Gelächter aus und donnerte seine Faust auf den Tisch. »Diese halbe Portion hat gedacht, er würde mich schaf=

fen. Hast du gesehen, welche Mühe er sich mit dem Strick gegeben hat? Laß dir sagen: Diese Knaben sind die schlimmsten. Es ist eine Freude, sie hereinzulegen.«

Er wirbelte herum und schaute seine Frau an, die mit ausdruckslosem Gesicht dastand. Er ballte die Hände zu Fäusten und ließ seine Muskeln spielen. Er dehnte seinen Brustkasten, bis er die Ausmaße erreicht hatte, die für sein Handwerk so unerläßlich waren. »Schau dir das an! Schau dir das nur einmal an! Glaubst du, daß irgendein Mensch auf den Gedanken käme, ich könnte schon sechsundvierzig sein? Was meinst du?«

»Du bist wie ein griechischer Gott«, meinte Wanda mit verkniffenem Mund. »Da wir gerade von Griechen sprechen: Wir sind heute abend zum Essen eingeladen. Roscoe ist der edle Spender.«

»Dieser Phil wird mir den Appetit verderben«, sagte Ferlini und starrte immer noch mit breitem Grinsen in den Spiegel. »Ich höre ihn schon wieder rumpalavern, daß die Entfesselungskunst am Aussterben ist. Wenn er mich heute gesehen hätte, würde er anders darüber denken.«

»Er hat dir immerhin dieses Engagement vermittelt, oder etwa nicht? Er wird schon wissen, was ein Geschäft ist und was nicht.« Sie gähnte und fing an, sich umzuziehen. Beim Abschminken kam ihr ein Gedanke, und sie ging zu dem Toilettentisch ihres Mannes hinüber. »Wenn wir Phil heute sehen, tu mir einen Gefallen und fang nicht wieder mit deiner Wasser-Idee an. Ich kann es schon nicht mehr hören.«

Ferlini fuhr ärgerlich mit der Hand durch die Luft. »Ah – du wirst alt, Wanda. Es läßt sich nicht leugnen.«

»Das mußt du mir gerade sagen! Du bist auch nicht mehr der Jüngste, Joe, und das solltest du nicht vergessen!«

Er löste seinen Blick von dem Spiegel. Sein Grinsen wurde höhnisch, als er sie anschaute. »Du hast seit der vorigen Woche zehn neue Falten bekommen, mein Schatz. Hast du das noch nicht bemerkt? Du solltest selbst in den Spiegel sehen. Los, überzeuge dich! Geh zum Spiegel!«

»Ach, laß mich in Frieden.«

»Geh zum Spiegel!« schrie Ferlini plötzlich. Er packte sie mit hartem Griff am Handgelenk, zog sie zu dem erleuchteten Spiegel über seinen Tisch herunter und zwang sie, hineinzuschauen. Sie blickte auf die Reste des orangefarbenen Make-ups, die sich auf der Stirn und dem Kinn befanden, sie sah die herben Linien um ihren Mund, die Krähenfüße in den Augenwinkeln. Als sie den Kopf zur Seite wenden wollte, wurde Ferlinis Griff fester. So schnell wollte er das grausame Spiel nicht beenden.

»Hör damit auf, Joe! Um Himmels willen, hör auf!«

»Wirst du mich noch einmal einen alten Mann nennen? Ich bin jünger als du, verstanden! Ich halte mich in Form. Du wirst nie wieder sagen, daß ich ein alter Mann bin. Ist das klar?«

»Schon gut, schon gut.«

Er ließ sie mit einem Grunzen, das Abscheu ausdrückte, frei. Seine gute Laune war verschwunden. Wanda ging mit tränenverschleiertem Blick zu ihrem Tisch zurück.

»Nicht jeder denkt, daß ich so alt bin«, flüsterte sie. »Nicht jeder.«

»Halt den Mund und sieh zu, daß du fertig wirst. Man erwartet von uns, daß wir zum Essen gehen, also gehen wir zum Essen. Und außerdem —« Er stand auf und klatschte mit der Handfläche auf seinen flachen Magen — »außerdem möchte ich mich mit Roscoe über etwas unterhalten. Über den Wasser-Trick.«

Wanda sagte kein Wort.

Das Restaurant, das Roscoe gewählt hatte, war wie Roscoe selbst: vergammelt und heruntergekommen, aber so beleuchtet, daß man es auf den ersten Blick nicht sah. Während Roscoe galant den Stuhl für Wanda zurückschob, ließ Ferlini sich sofort schwer auf einen Stuhl fallen, griff nach einem Brötchen und riß es auseinander. Er kaute mit vollen Backen, als er sagte: »He, Phil, Sie hätten mich heute sehen sollen. Ich war der Beste. He, Wanda, sag ihm, daß das stimmt.«

Wanda lächelte dünn. »Er hatte ein gutes Publikum.«

»Was heißt hier gut! Ich hatte drei Vorhänge!« lärmte Ferlini und vergaß, daß es in dem Theater überhaupt keinen Vorhang gab. Man hatte ihn außerdem auch nicht wegen einer Zugabe bestürmt. »Ich sage dir, Phil, die Entfesselungskunst ist wieder im Kommen! Und wenn es soweit ist, bin ich absolut an der Spitze. Um so mehr, wenn wir erst den Wasser=Trick ge=macht haben –«

»Geht das schon wieder los«, stöhnte Phil. »Wir haben noch nicht einmal etwas getrunken, und Sie reden vom Wasser.«

Ferlini schlug sich lachend auf die Schenkel und brüllte nach dem Kellner.

Wanda langweilte sich während des Essens vom ersten bis zum letzten Gang. Ferlini und sein Manager unterhielten sich ununterbrochen. Es war nichts Neues. Es war nie etwas Neues. Wanda kannte das ganze Gespräch schon auswendig.

Roscoe räusperte sich. »Joe, du weißt so gut wie ich, daß sich die Zeiten geändert haben. Noch vor ein paar Jahren konnte es geschehen, daß die Presseleute einen Rummel um einen Ent=fesselungskünstler machten. Es erschien dann sogar mitunter auf der Titelseite. Aber Houdini ist tot, Joe, vergessen Sie das nicht.«

»Natürlich weiß ich, daß Houdini tot ist – aber ich lebe!« Er schlug sich mit der flachen Hand vor die Brust. »Ich – Joe Ferlini!«

»Das Gute an Ihnen ist, daß Sie noch nie unter falscher Be=scheidenheit zu leiden hatten.«

Ferilni knirschte mit den Zähnen. »Hat Houdini etwas ge=konnt, was ich nicht auch kann? Ich arbeite mit Seilen, Ketten und Eisen. Ich komme aus Kisten, Koffern, Säcken und Körben wieder heraus. Ich kenne mich mit Handschellen aus, und Zwangsjacken können mir nichts anhaben. Mir sind so viele chinesische Tricks geläufig. Ich kann mich aus Lagen befreien, von denen Houdini nicht einmal geträumt hat. Außerdem weiß jeder, daß er mit vielen Hilfsmitteln gearbeitet hat –«

»Du etwa nicht?« schnaubte Wanda.

»Natürlich – manchmal. Ich habe natürlich meine Dietriche und Haken und all das andere Zeug. Aber Sie kennen mich, Phil. Sie wissen, daß mein bester Trick meine Muskeln sind. Habe ich nicht recht?«

»Gewiß, gewiß«, murmelte sein Manager müde. »Sie sind der Beste, Joe.«

»Ich bleibe in Form. Fragen Sie nur Wanda. Jeden Tag ar=beite ich mindestens eine Stunde an mir. Ich kann meinen Brustkasten immer noch großartig ausdehnen. Ich kann ohne weiteres die Wasser=Sache machen, Phil. Ich werde einmalig sein.«

»Aber es ist nicht neu, Joe. Das versuche ich Ihnen immer wieder beizubringen. Die Leute verfallen darüber heutzutage nicht mehr in Verzückung.«

Ferlini verdrehte verzweifelt die Augen. »Sie trinken zuviel, Phil. Ihr Geist ist etwas angeschlagen. Natürlich ist die Wasser=Geschichte schon gemacht worden. Aber wissen Sie auch, wie lange das her ist? Jetzt lebt eine neue Generation. Und bei Ihrem Managertalent könnte es ein großes Geschäft werden. Was sagen Sie nun?«

Roscoe gab sich seufzend geschlagen.

»In Gottes Namen, Joe, wenn Ihre Seligkeit davon abhängt. Wie stellen Sie sich Ihre Arbeit vor?«

Ferlini strahlte. »Ich werde es schon machen! Zuerst lasse ich mir Handschellen anlegen, dann kommt ein langer Strick um den Körper und die Fußeisen. Danach lasse ich mich in einen Sack stecken, der gut verschlossen wird. Der Sack kommt in eine große Eisenkiste, die in den Truscan=See geworfen wird.«

»Das wäre als Mordplan sehr zu empfehlen. Was ist Trick, und was ist Muskelkraft?«

»Der Strick ist Muskelkraft. Sobald ich die Muskeln erschlaffen lasse, fällt der Strick wie nichts herunter. Für die Handschellen habe ich einen Schlüssel. Sobald ich sie losgeworden bin, schneide ich den Sack mit einer Rasierklinge auf. Die eiserne Kiste hat einen Trick=Boden. Den stoße ich auf und schwimme an die Oberfläche. Ich werde taufrisch dem Wasser entsteigen.« Er warf Phil einen siegessicheren Blick zu.

»Können Sie gut schwimmen?«

»Ausgezeichnet. Machen Sie sich darum keine Gedanken. Als Kind hatte ich immer den Wunsch, nach Europa zu gehen, um den Kanal zu durchschwimmen. So gut war ich schon damals.«

»Wir könnten die Kiste von einem Motorboot aus ins Wasser werfen und Sie hinterher gleich wieder an Bord nehmen. Das würde das Risiko verringern.«

»Wie Sie meinen. Aber glauben Sie mir, es ist ein Kinderspiel.«

»Das glaube ich Ihnen langsam, aber mir gefällt die Sache immer noch nicht. Hallo — Ober — wo bleibt unser Whisky?«

Wenn Wanda aus dem Fenster ihres Hotelzimmers im zweiten Stock schaute, konnte sie ihrem Mann beim Training im Swimming-Pool, der zu dem Hotel gehörte, beobachten. Er schwamm wie ein Haifisch durch das Becken, sein graues Haar lag glatt zurück, die starken Muskeln an seinen Schultern traten auch bei der sanftesten Schwimmbewegung hervor. Vor fünfzehn Jahren hätte sie vor Bewunderung aufgejubelt, aber heute wußte sie es besser. Der große Ferlini brauchte nur einen Bewunderer. Und den sah er jeden Morgen beim Rasieren im Spiegel.

Seufzend wandte sie sich vom Fenster ab, setzte sich auf das Sofa und blätterte lustlos in der Zeitschrift ›Varieté‹. Ein paar Minuten später klopfte es zaghaft an die Tür. Wanda schaute auf und sagte: »Herein«. Als sie Baggett in der Tür stehen sah, blieb ihr der Atem vor Überraschung – und Schuldgefühl stehen.

»Tommy! – Was um alles in der Welt machst du hier?«

»Ich mußte dich einfach wiedersehen, Wanda. Ich habe Joe im Swimming Pool gesehen und dachte, die Gelegenheit sei günstig. Ich habe das Gefühl, daß er noch den ganzen Tag weiterschwimmt.«

»Da kannst du schon recht haben.«

Wanda versuchte ihre Erregung zu verbergen. Als sie ihm etwas zu trinken anbot, lehnte er ab. Sie versuchte eine Unterhaltung in Gang zu bringen, aber er war daran nicht im mindesten interessiert. Ehe sie wußte, wie ihr geschah, lag sie in seinen Armen. Aber sie fühlte sich nicht sehr wohl dabei und löste sich wieder von ihm. Sie begann hektisch von ihrem Mann zu erzählen.

»Du machst dir keine Vorstellung davon, wie er wirklich ist. Es wird von Jahr zu Jahr schlimmer mit ihm. Er kann an nichts anderes als an seine Arbeit denken. Er brütet Tag und Nacht, aus welchen Fesseln er sich noch frei machen könnte. Manchmal denke ich, daß ich den Verstand verliere. Und das ist kein Gerede von mir, Tommy. Wußtest du, daß ich deswegen im letzten Jahr, als wir in Louisville waren, zum Psychiater gegangen bin? Drei Monate lang. Dann bekam er ein Engagement in Las Vegas, und ich mußte die Sitzungen unterbrechen.«

»Wenn einer von euch verrückt ist, dann ist er es und nicht du«, grunzte Baggett. »Wie kann er dich so vernachlässigen!«

»Er will sich manchmal sogar beim Schlafen ›entfesseln‹. Ich mache keine Witze. Wie oft wacht er mitten in der Nacht auf, ›befreit‹ sich von seiner Decke und macht eine tiefe Verbeugung.«

Sie lachte unnatürlich und verzog dabei keine Miene. Ganz plötzlich brach sie in Tränen aus. Baggett nahm sie wieder in seine Arme. »Manchmal wünschte ich, man würde ihn so fesseln, daß er nicht mehr freikommen könnte —«

»Wie meinst du das?«

Sie sah ihn mit großen Augen an.

»Hast du schon von dem Wasser-Trick gehört? Man wird ihn zu diesem Zweck in einen See werfen. Das soll in ein paar Wochen vor sich gehen. Kannst du dir vorstellen, welchen Gedanken ich habe, seitdem das beschlossene Sache ist?«

Sie trat ans Fenster und schaute auf den Swimming-Pool hinab. Ihr Mann schwamm immer noch wie ein Besessener auf und ab.

»Ich stelle mir immer vor, daß etwas schiefgehen könnte. Gewiß, er ist großartig! Wer wüßte das besser als ich? Es gibt kaum eine Fessel, aus der er sich nicht befreien kann. Aber wenn sich der kleinste Fehler einschleicht — wird er ertrinken. Du wirst mich verabscheuen, daß ich solche Gedanken habe —«

»Nicht eine Sekunde lang, Wanda«, sagte Baggett mitfühlend.

Mit schleppenden Schritten ging Wanda zum Schreibtisch und öffnete ein Schubfach. Aus einem Wirrwarr von Dietrichen und anderen Hilfsmitteln ihres Mannes holte sie ein paar Handschellen und zwei kleinere Gegenstände heraus.

Sie ging mit den Handschellen zu Baggett und fragte: »Willst du mir einen Gefallen tun, Tommy? — Legst du sie dir an?«

Er blinzelte. »Was soll das?«

»Bitte!«

Er streckte ihr bereitwillig die Handgelenke entgegen. Wanda ließ die Handschellen zuschnappen und prüfte den Verschluß.

»Und jetzt versuche, dich frei zu machen.«

Baggett, der ein romantisch veranlagter, schmächtiger Typ war, zerrte an den Eisen, bis ihm das Blut in den Kopf stieg.

»Ich schaffe es nicht«, keuchte er.

»Natürlich nicht«, sagte sie sehr ruhig. »Das bringt nicht einmal Ferlini fertig — — es sei denn, er trägt zufällig dieses Ding hier bei sich.« Sie hielt einen kleinen Schlüssel in die Höhe und reichte ihn Baggett: »Versuch es jetzt!«

Er verrenkte sich fast die Finger und benetzte nervös seine Lippen, aber schließlich gelang es ihm, den Schlüssel in das Loch zu fummeln. Er drehte ihn um — aber nichts passierte!

»Es funktioniert nicht«, krächzte er. »Das Schloß geht nicht auf.«

»Nein«, sagte Wanda mit träumerischem Blick. »Es geht nicht auf.«

»Aber warum denn nicht? Da stimmt doch etwas nicht!« In Baggetts Stimme mischte sich leise Panik.

»Weil es der falsche Schlüssel ist«, sagte Wanda. »Daran scheitert es. Das hier ist der richtige.« Sie öffnete ihre Hand und zeigte einen anderen Schlüssel. Sie öffnete selbst das Schloß und entfernte die Handschellen. Baggett rieb sich die Handgelenke und blickte die Frau nachdenklich an.

»Es ist besser, wenn du jetzt gehst«, sagte Wanda.

Phil Roscoe war über das Ergebnis seiner Werbe-Kampagne höchst zufrieden. Vier Lokalblätter aus der Umgebung von Denver hatten über das bevorstehende Ereignis berichtet, und eine der wichtigsten Presseagenturen hatte die Meldung in ihren Nachrichtendienst übernommen.

Der große Ferlini war jedoch nicht so leicht zufriedenzustellen. Ihm hatten Fernsehübertragungen, groß aufgemachte Berichte in internationalen Magazinen und Hollywood-Angebote vorgeschwebt, aber diese Sterne konnte ihm Roscoe nicht vom Himmel holen.

»Sie sollten keine Wunder erwarten«, sagte Roscoe zu ihm. »Seit Houdinis Zeiten ist die Ankündigung über ein solches Kunststück keine Sensationsmeldung mehr. Wir können wirklich mit unserem Ergebnis zufrieden sein.«

Ferlini brummte vor sich hin.

Als Wanda Ferlini am Morgen des großen Tages aufwachte, sah sie älter und verhärmter denn je aus. Sie hatte eine schlechte Nacht hinter sich, denn ihr Mann hatte sie zweimal mit seinen wilden Träumen von nie dagewesenen Entfesselungskünsten aus dem Schlaf geschreckt. Ihr schlechtes Aussehen und ihr trüber Blick kamen aber nicht nur von der gestörten Nachtruhe, sondern von ihrer Erwartung und Angst, daß etwas schiefgehen würde.

Roscoe hatte für diese Gelegenheit einen offenen Cadillac mit Chauffeur gemietet. Wanda, die auf dem Rücksitz Platz genommen hatte, trug ihr bestes Kleid und hatte noch nie schlechter ausgesehen, Roscoe, dessen Wangen vor Aufregung und vom Whisky eine rote Farbe angenommen hatten, saß neben Wanda und tätschelte beruhigend ihre Hand. Ferlini stand im Cadillac und winkte der Menge am Straßenrand zu. Er trug einen vollständigen Anzug mit einer weißen Krawatte. Die kräftigen Schultermuskeln wölbten sich unter dem Anzug, daß man meinte, er müßte aus den Nähten krachen.

Ferlinis anfängliche Verstimmung über Roscoes Propaganda, die ihm nicht erfolgreich genug erschienen war, war jetzt verflogen. Hunderte von Menschen umsäumten das Ufer des Tuscan-Sees. Roscoes Bemühungen, den Bürgermeister für die Darbietung zu interessieren, waren zwar fehlgeschlagen, dafür aber waren ein Stadtrat, der Polizeichef, der Leiter der Feuerwehr und zwei führende Geschäftsleute der Stadt erschienen. Der kleine Klub hatte seine Sechs-Mann-Band entsandt. Die Klänge eines Ragtime-Marsches ließen die ganze Vorstellung festlicher und großartiger erscheinen, als sie in Wirklichkeit war. Das beste waren natürlich die Reporter und Pressefotografen.

Obwohl Roscoe alles vorbereitet hatte, passierten doch einige nicht vorausgesehene Dinge. Das Mikrophon versagte, und statt der geplanten Begrüßungsansprache an das Publikum kam nur ein dumpfes Röhren aus der Sprechanlage. Am Morgen hatte es ausgesehen, als ob das Wetter ideal für das Vorhaben sei, aber jetzt ballten sich ein paar dunkle Wolken am Himmel. Wanda erschauerte, als sie sie wahrnahm. Roscoe wieselte aufgeregt umher und war bemüht, das Programm in Gang zu bringen, ehe ein plötzlicher Regen Ferlinis Unternehmen erschweren könnte.

Um drei Uhr war es dann so weit.

Ferlini legte Jackett, Oberhemd und Krawatte ab und schleuderte die Schuhe von den Füßen. Als er in seinen Hosen und im Polohemd dastand, entlockte sein muskulöser Oberkörper den weiblichen Zuschauern bewundernde Ausrufe.

Der Polizeichef, der für diesen Handgriff wie geschaffen war, ließ die Handschellen zuschnappen. Vorher hatte er sie einer eingehenden Prüfung unterzogen und verkündet, daß sie absolut echt und zuverlässig seien.

Die beiden Geschäftsleute waren dazu ausersehen, Ferlini mit dem Strick zu fesseln. Es waren zwei kleine, rundliche Männer, die vor Anstrengung keuchten, als sie endlich das lange Tau um Ferlinis Körper gezerrt hatten.

»Und nun das Ganze gut verschnüren«, befahl Ferlini mit blitzenden Zähnen, die durch jahrelanges Training im Zerbeißen und Zerreißen von Tauen unheimlich stark und scharf geworden waren. Die beiden Männer verknoteten den Strick doppelt und dreifach vom Kopf bis zu den Füßen. Als sie ihr Werk beendet hatten, glich Ferlini einer Mumie. Ihr Hantieren hatte sie und das Publikum so beeindruckt, daß keiner beobachtet hatte, wie Ferlini die Lungen voll Luft gepumpt hatte, wobei sich sein Brustkasten um fast fünfzehn Zentimeter erweiterte. Als die Männer fertig waren, lächelte Ferlini selbstzufrieden, denn er wußte, daß er sich innerhalb einiger Sekunden aus dem Seil winden konnte.

Der Leiter der Feuerwehr hatte die Aufgabe übernommen, Ferlini in den Sack zu stecken. Er setzte ihn auf den Boden, der Entfesselungskünstler wurde hinübergehoben, dann zog er den Sack hoch, bis er Ferlini völlig bedeckte. Als der Sack über Ferlinis Kopf zusammengebunden wurde, ging ein Raunen durch die Menge.

Doch die stärkste Reaktion von seiten des Publikums kam, als die eiserne Kiste herbeigeschafft wurde, und als aus der Menge ein gellender Frauenschrei zu hören war, lächelte Roscoe satt und zufrieden. Er hatte eine großartige Show inszeniert! Er suchte Wandas Augen, um sich zu überzeugen, daß sie diesen triumphalen Augenblick auch genoß, aber sie hatte die Augen geschlossen und bewegte lautlos die Lippen.

Ferlini wurde in die Kiste verfrachtet. Der Stadtrat klappte den Deckel zu und verriegelte ihn. Das gesamte Komitee überzeugte sich von der Sicherheit des Verschlusses. Dann traten die Herren zurück, und vier Muskelpakete von Männern, die Roscoe für diesen Zweck angeworben hatte, hoben die Kiste hoch und wuchteten sie zum Heck des Motorbootes, das am Steg lag.

Die Sechs=Mann=Band spielte im Swing=Rhythmus einen Trauermarsch. Roscoe war als erster eingestiegen und half dann Wanda, die einer trauernden Witwe glich, an Bord.

Der Steuermann war ein flotter, junger Bursche mit einem Bürstenhaarschnitt. Er winkte der Menge lebhaft zu und machte das Boot los. Als der Motor angesprungen war, steuerte er das Boot langsam auf eine tiefe Stelle des Sees zu.

Roscoe schaute die Frau leicht beunruhigt an. »Alles in Ordnung, Wanda?« fragte er betont forsch.

Wanda murmelte etwas Unverständliches und griff nach seiner Hand.

Als sie etwa fünfhundert Meter vom Ufer entfernt waren, drosselte der Steuermann die Maschine.

»Soll es hier sein, Mr. Roscoe?«

Roscoe schaute durch sein Fernglas zum Ufer, um zu ergründen, was die Zeitungsleute trieben. Zu seiner Zufriedenheit stellte er fest, daß sie ihn ebenso angestrengt betrachteten wie er sie. Die Pressefotografen, die ihre Teleobjektive auf die Kameras aufgeschraubt hatten, waren kräftig bei der Arbeit.

»Ja, ich bin der Ansicht, daß die Stelle hier richtig ist«, murmelte Roscoe. »Raus mit der Kiste!«

Wanda schrie hell auf, als der Steuermann mit einem Grinsen die Kiste über Bord stieß. Klatschend schlug der schwere Eisenkasten auf dem Wasser auf und durchnäßte die Bootsinsassen völlig. Dann entschwand die Kiste ihren Blicken und versank in die Tiefe. Die Wasseroberfläche kräuselte sich an der Stelle, und die kleinen Wellen, die sich bildeten, bewegten sich bis zum Ufer zurück.

Dann begann das Warten.

Roscoe starrte auf seine Uhr. Als dreißig Sekunden um waren, schaute er Wanda an und nickte zuversichtlich.

Sie warteten weiter.

Als die erste Minute verstrichen war, verging dem Steuermann das Grinsen, das er immer noch auf dem Gesicht hatte. Er begann mißtönend zu pfeifen. Als Wanda ihn anschrie, er sollte gefälligst damit aufhören, verstummte er genauso plötzlich, wie er begonnen hatte, und verharrte schweigend.

Nach der zweiten Minute vermied es Roscoe, in Wandas kalkweißes Gesicht zu sehen. Er richtete sein Fernglas wieder auf das Ufer und betrachtete intensiv den Verlauf der Bucht. Die Menschenmenge war jetzt dicht bis zum Wasser vorgedrungen. Sie glich einem großen, dunklen Fabeltier, das sich schlängelnd bewegte.

»Großer Gott«, sagte der junge Mann am Steuer entgeistert, »er kommt nicht wieder hoch, Mr. Roscoe!«

»Er kommt wieder hoch!« fuhr ihn Roscoe heftig an. »Verlassen Sie sich drauf!« Seine Stimme wurde etwas leiser. »Er muß einfach wieder hochkommen.«

Es vergingen drei Minuten, aber es war noch immer nichts von dem großen Ferlini zu sehen.

Wanda stöhnte.

Und die Zeit verstrich.

Nach weiteren drei Minuten fiel Wanda in Ohnmacht. Roscoe konnte sie gerade noch rechtzeitig auffangen, ehe sie auf den Boden des Bootes schlug.

Unerbittlich rückte der Zeiger der Uhr weiter.

Sieben Minuten!

Roscoes Gesicht wirkte grau und verfallen, als er dem Steuermann sagte, er solle zum Ufer zurückkehren.

Spät in der Nacht holten sie Ferlinis Leichnam aus dem See. Der große Entfesselungskünstler trug immer noch die Handschellen.

Baggett versuchte am Tag der Beerdigung zu Wanda vorzudringen, aber Roscoe verwehrte ihm den Zutritt. Phil war nicht im mindesten an Wandas Liebesleben interessiert, denn er hatte genug eigene Sorgen. Er war Geschäftsmann. Wanda war immer noch seine Vertragspartnerin — auch ohne ihren berühmten Mann. Und es wäre höchst unfein, wenn Wanda bei der Beerdigung beim Publikum nicht den Eindruck der trauernden Witwe erwecken würde.

Aber Roscoe brauchte nichts zu befürchten. Wanda spielte ihre Rolle ausgezeichnet. Durch einige kosmetische Wundermittel sah sie in ihrer Trauer viel jünger aus als sonst. Ihr weißgeschminktes Gesicht mit dem blaßrosa Lippenstift bildete einen eindrucksvollen Kontrast zu ihrer dunklen Trauerkleidung.

Roscoe hatte die Beerdigung inszeniert, und sie war fast so aufsehenerregend wie die Show am Tuscan-See. In der Presse war der Nachruf Ferlinis groß aufgemacht gewesen, und jetzt wollten Hunderte von Schaulustigen den großen Artisten auf seinem letzten Weg sehen.

Der Trauerzug bewegte sich nur langsam durch die Straßen der Stadt, begleitet von der Sensationslust der Menschenmenge. Doch als sich die Prozession langsam der Stätte näherte, von der es keine Rückkehr gab, lichtete sich die Menschenansammlung ein wenig. Zum Schluß waren es nur noch ein paar Unentwegte, die dem Sarg auf den Friedhof folgten.

Wanda schluchzte an Roscoes Schulter, und er tätschelte sie hilflos mitleidig.

»Er wollte es so haben«, murmelte er, um etwas zu sagen.

»Ich weiß, ich weiß«, jammerte Wanda.

Die Grabrede, die der prominenteste Pfarrer der Stadt hielt, war sehr kurz. Er sprach von Ferlinis Mut, von seiner Hingabe an die Kunst und von der Freude, die er im Laufe seines Lebens unzähligen Menschen bereitet hatte. Während der Rede behielt Roscoe Wanda im Auge. Als er sah, daß ihre Lider zitterten und sich ihre Augen seltsam verdrehten, befürchtete er, sie könnte wieder in Ohnmacht fallen. Aber sie fing sich wieder, und er atmete erleichtert auf.

Der Sarg wurde zum aufgeschaufelten Grab getragen. Einer der Träger war Freddy, der Kellner des kleinen Klubs der Stadt. Irgend etwas schien ihn zu irritieren, denn er flüsterte mit seinem Nebenmann. Roscoe eilte zu Freddy, wechselte ein paar Worte mit ihm und redete dann hastig auf den Priester ein. Diese Störung mußte die Neugierde des anwesenden Reporters erwecken. Er trat aus der Reihe und fragte Roscoe, was los wäre.

»Ich weiß es auch nicht.« Roscoe kratzte sich am Hinterkopf. »Freddy meint, daß etwas nicht stimmen würde. Er sagt, der Sarg kommt ihm seltsam vor.«

»Was soll das heißen?« wandte sich der Reporter an den Kellner.

Freddy zuckte die Achseln. »Seltsam ist nicht der richtige Ausdruck — ich möchte lieber sagen, daß mir der Sarg sehr leicht vorkommt — viel zu leicht . . .«

»Ich bitte Sie, meine Herren«, flüsterte der Priester eindringlich. »Ich kann mir nicht vorstellen —«

»Freddy hat vollkommen recht«, mischte sich jetzt ein anderer Träger ein. »Der Sarg hat fast gar kein Gewicht. Und wir kennen Ferlini! Wir wissen, daß er ein großer, strammer Bursche war.«

Sie starrten alle betreten auf den Sarg. Einer erwartete vom anderen, daß er irgend etwas unternehmen sollte. Es war schließlich Roscoe, der die Initiative ergriff.

»Ich finde es gräßlich«, murmelte er, »aber ich fürchte, wir müssen ihn öffnen.«

Unter dem Protest des Priesters machten sie sich an dem Sargdeckel zu schaffen.

»Was geht hier vor?« Wandas Stimme klang schrill und unwirklich.

»Treten Sie zurück, Wanda«, bat Roscoe, »ich möchte Ihnen den Anblick ersparen.«

Wanda rührte sich nicht von der Stelle. Als der Deckel aufsprang, erstarrten sie alle.

Der Sarg war leer.

Wandas Schrei zerriß die Stille des Friedhofes.

Dr. Rushfield rollte nervös einen Bleistift zwischen den Händen. »Fahren Sie fort, Mr. Roscoe, ich möchte gerne alles wissen.«

Phil Roscoe fuhr sich mit der Zungenspitze über die trockenen Lippen und hatte das dringende Bedürfnis, einen Schnaps zu trinken.

»Um mich zu verstehen, müßten Sie sich in meine Lage versetzen, Doktor. In meinem Beruf bedeutet Reklame alles. Reklame, die vor nichts zurückschreckt. In diesem Zusammenhang hatte Ferlini auch vor etwa zehn Jahren dieses Abkommen mit mir getroffen —«

»Wenn Sie mir jetzt bitte sagen würden, was das für ein Abkommen war?« fragte Dr. Rushfield ungeduldig.

»Außer Ferlini und mir wußte keiner von dieser Sache. Ich

habe ihm seinerzeit gesagt, daß er verrückt sei. Aber Sie machen sich keinen Begriff davon, wie eigensinnig diese Leute sind. Ich mußte ihm folgendes versprechen: Wenn ihm eines Tages etwas zustoßen sollte und er käme dabei ums Leben, dann sollte ich ihm zu seinem letzten Kunststück verhelfen. Es müßte irgend etwas sein, womit er den Leuten länger als Houdini im Gedächtnis bleibt. – Das ist die ganze Geschichte, Doktor.«

»Und was war das für ein Kunststück?«

»Es war das einfachste in seinem ganzen Leben. Ich brauchte nur einem Angestellten des Begräbnisinstituts fünfzig Dollar in die Hand zu drücken, damit er Ferlini an einem verschwiegenen Ort vergräbt und einen leeren Sarg in den Leichenwagen stellt. Tja – so war es.«

»So war das also«, sagte Rushfield nach einer Weile und runzelte die Augenbrauen. Er starrte sekundenlang auf den Bleistift in seinen Händen, ehe er langsam fortfuhr: »Ich muß Ihnen leider sagen, daß sich die Folgen dieses – dieses Kunststückes sehr verheerend für Mrs. Ferlini ausgewirkt haben. Ich glaube, daß ihre Verfassung auch vor dem Unglück nicht die beste war, aber jetzt ...« Er erhob sich seufzend. »Sie können Mrs. Ferlini sehen, wenn Sie mögen, – aber – so leid es mir tut – sprechen können Sie sie nicht ...«

Phil Roscoe folgte dem Arzt über einen endlosen Flur. Als sie schließlich vor einer Tür stehenblieben, sah Roscoe, daß sie eine kleine verriegelte Klappe hatte. Er schaute hinein und prallte zurück, als er Wanda sah.

Ihre Augen, die nichts mehr erkennen konnten, rollten unablässig hin und her, ihre Arme zerrten verzweifelt an der Zwangsjacke, die fest und unerbittlich um ihren Körper lag und aus der es kein Entrinnen gab.

Jack Ritchie

Bombe Nummer 14

Der Blitz schlägt nur einmal in jedes Haus ein! Diesen Slogan habe ich vor Jahren von einem Vertreter für Blitzableiter gehört. Und – wenn mich meine Erinnerung nicht täuscht – meine Mutter hat zu mir als Kind gesagt, daß Streichhölzer kein Spielzeug seien. Kurz darauf habe ich prompt versucht, beim Spielen unser schönes, behagliches Haus in Brand zu setzen. Diesen beiden Weisheiten fügt unsere Geschichte eine weitere hinzu. Es ist bekannt, daß Bomben eine verheerende Wirkung haben, aber es hat sich erwiesen, daß sie auch lang bestehende Gesellschaftsformen auseinandersprengen können.

Das große rechteckige Paket lag wie eine Insel in der großen Bahnhofshalle vor der Gepäckaufbewahrung. Es war das vierzehnte dieser Art innerhalb der letzten sechs Jahre. Unsere Aufgabe war es, dafür zu sorgen, daß es keinen Schaden anrichten konnte.

Pete und ich studierten die Gesichter der Menschenmenge, die sich hinter der Absperrung drängte. Das gehörte auch zu unserer Arbeit. Vielleicht entdeckten wir jemanden, der sich vor Aufregung und Spannung die Lippen etwas mehr benetzte als die restlichen Zuschauer.

Pete kaute an seiner Zigarre. »Es sind dieselben Typen, die auch begierig zusehen, wenn wir uns um irgendeinen Idioten bemühen, der aus dem zwanzigsten Stockwerk springen will. Ich wette, daß die halbe Stadt von der Sache Wind bekommen hat.«

Das Absperrungsseil hielt die Neugierigen ungefähr fünfunddreißig Meter von dem Paket zurück. Ich war der Meinung, daß der Abstand größer sein müßte, aber für diesen Teil der Veranstaltung war ich nicht zuständig.

Ein paar Männer hatten schwere Planken auf die Betonstufen gelegt, und der Lastwagen der Entschärfungskommission fuhr über die provisorische Rampe in die große Bahnhofshalle. Es war ein schwerfälliges Fahrzeug, ein Klotz aus Stahl mit hohen Seitenwänden, die im Ernstfalle die Wucht einer Explosion in die Höhe lenken würden, wo sie weniger Schaden anrichten konnte.

Als der Lastwagen bis auf fünf Meter an das Paket herangerollt war, blieb er stehen. O'Brien und Hastings kletterten aus dem Führerhaus.

Pete zertrat seine Zigarre. »Jetzt kommt der entscheidende Moment«, sagte er und ging auf die beiden zu. Ich zögerte kurz, ehe ich ihm folgte. Den Lastwagen ließ ich zwischen mir und dem Paket.

O'Brien grinste. »Sie bringen ihre Kameras in Abschußstellung. Ich darf nicht vergessen, daß rechts meine Schokoladenseite ist.«

O'Brien trat an das Paket heran.

»Einen Moment«, sagte ich schnell. »Vielleicht können Pete und ich noch etwas zurücktreten.«

Wir verzogen uns hinter eine dicke Marmorsäule.

Einer der Uniformierten, die am Absperrungsseil standen, gesellte sich zu uns. Er flüsterte: »Schauen Sie sich einmal den Burschen mit dem schütteren Haar und der bräunlichen Jacke an, der neben dem Süßwarenstand steht. Ich möchte schwören, daß ich den vorige Woche unter der Menge vor der Bibliothek auch gesehen habe.«

Wir sahen uns die Gesichter hinter dem Seil an und entdeckten ihn. Er war ein schmächtiger, hellhäutiger Mann. Seine weit aufgerissenen Augen starrten gebannt auf das, was sich neben dem Lastwagen abspielte.

Pete machte Anstalten, auf ihn zuzugehen, aber ich hielt ihn am Ärmel fest. »Das hat einen Moment Zeit, der läuft uns nicht fort.«

O'Brien und Hastings waren ganz allein auf ihrer Bühne. Sie holten aus dem Lastwagen eine lange Stange, an deren Ende ein Korb aus geflochtenem Stahlgitter befestigt war.

Als sich O'Brien über das Paket beugte, war es so still, daß man eine Stecknadel hätte fallen hören. Ich schaute ihn an und glaubte unter seiner Maske ein schwaches Grinsen zu erkennen. Dann legte er seine Hände vorsichtig um das Paket und wollte es aufheben.

Die Explosion glich einem gewaltigen Donner, der sich in der Bahnhofshalle fortpflanzte und von den Wänden zurückgeworfen wurde.

Pete stieß einen Fluch aus.

Als ich hinter der Säule hervortrat, sah ich O'Brien und Hastings, die sich wie zwei Aufziehpuppen grotesk auf dem Marmor-Fußboden wanden.

Ich kämpfte mich durch die schreiende Menge und packte den schmächtigen Mann. Er sah mich nicht und erfaßte auch nichts, als ich meine Hand um seinen dürren Arm legte.

Er war noch in seiner eigenen Welt. Seine hervorquellenden Augen waren auf die beiden gekrümmten Gestalten auf dem Boden gerichtet.

Er lächelte.

Captain Wilson schob seinen Aschenbecher auf dem Schreibtisch ein paarmal hin und her, ehe er aufblickte. »Hastings ist sofort gestorben. Um O'Brien bemühen sich noch die Ärzte. Aber selbst wenn er durchkommt, ist er für den Rest seines Lebens erledigt.«

Er nahm einen Bericht in die Hand. »Der Name des Verdächtigen ist James Stuart, die Adresse Nummer 1368, 98. Straße. Da Sie beide ihn geschnappt haben, können Sie ihn jetzt auch ausquetschen.«

Wilson kratzte sich am Nacken. »Stuart ist sechsunddreißig, Junggeselle und lebt mit seiner Mutter zusammen. Sie hält uns für Unmenschen. Ihr Junge hätte in seinem ganzen Leben noch nie etwas Unrechtes getan. Er sei ein guter Junge, der nie den Muttertag vergißt!«

Wilson wühlte in den Papieren auf dem Schreibtisch, bis er das gefunden hatte, was er suchte. »Wir haben Stuarts Haus durchsucht. Die Ausbeute waren vier kleine Rohre, zehn Sprengkapseln und Zündköpfe, die Werke von drei billigen Armbanduhren und ein Fäßchen mit Pulver. Das Pulver ist dasselbe, das für Patronenfüllungen verwendet wird. Aber Stuart hat weder ein Gewehr noch Patronen.«

Wilson stand auf und ging unruhig im Zimmer hin und her. »Wir haben außerdem einen Schnellhefter mit Zeitungsausschnitten gefunden. Er hat sämtliche Berichte über die bisherigen Bombenanschläge gesammelt.«

In Wilsons Gesicht gruben sich tiefe Furchen. »Abgesehen von dem großen Unglück, sind drei weitere Personen durch Splitter verletzt worden. Nichts Ernsthaftes, aber die Leute werden sich mit ihren Anwälten in Verbindung setzen. Fünf weitere sind auf dem Weg zum Ausgang überrannt worden. Von denen werden wir sicher auch noch hören.«

Ich angelte eine Zigarette aus meiner Packung. »Hat denn niemand gesehen, wer das Paket abgestellt hat?«

Wilson zuckte die Achseln. »Mindestens fünftausend Menschen gehen täglich durch die Bahnhofshalle. Darauf muß Stuart seinen Plan aufgebaut haben.« Er seufzte hörbar. »Wir haben sieben Zeugen mit sieben verschiedenen Personenbeschreibungen. Fünf behaupten, es sei ein Mann gewesen, und zwei sagen, es hätte sich um eine Frau gehandelt.«

Pete grübelte. »Hat man sie schon mit Stuart konfrontiert?«

Wilson lachte trocken. »Drei haben ihn identifiziert. Einer ist darunter, der angegeben hatte, es wäre eine Frau gewesen. Jeder Anwalt kann diese Zeugen im Zeugenstand fertigmachen.«

Er sah uns fest an. »Ein Geständnis wäre eine Hilfe. Eine erstklassige Hilfe!«

Pete und ich erhoben uns. Wir gingen einen langen Flur entlang, bis wir zum Raum mit der Nummer 618 kamen.

Pete hatte schon den Türgriff in der Hand, als er kurz stehenblieb. »Fred, wenn du magst, kannst du gerne den freundlichen, verständnisvollen Detektiv spielen. Ich bringe es in diesem Falle nicht übers Herz. Mir ist wohler, wenn ich grob sein kann.«

Stuart war mit Handschellen an ein Heizungsrohr gefesselt. Ein Uniformierter bewachte ihn.

Pete trat dicht an den Gefesselten heran und grinste böse. »Bis jetzt hat Sie jeder hier zu sanft behandelt«, zischte er. »Ich bin gekommen, um das zu ändern.«

Ich nahm Stuart die Handschellen ab. »Reiben Sie sich die Gelenke, Mr. Stuart. Sie werden sich dann besser fühlen.« Ich legte ihm die Hand auf die Schulter. »Und setzen Sie sich. Sie hocken hier seit Stunden und sind sicher müde.«

Als Stuart Platz genommen hatte, beugte sich Pete über ihn. Seine Augen verengten sich, als er fragte: »Wie fühlen Sie sich jetzt? Wohl und behaglich?«

Stuarts Lippen begannen zu beben. Er drehte den Kopf zur Seite.

»Mr. Stuart«, sagte ich milde, »wir wollen nichts weiter von Ihnen, als daß Sie uns ein paar Fragen nach bestem Gewissen beantworten. Wie lange warten Sie zum Beispiel, wenn Sie die Bomben ausgelegt haben, ehe Sie uns anrufen?«

Stuart schüttelte wild den Kopf. »Ich habe mit den Bomben nichts zu tun.«

Pete knackte mit den Knöcheln. »Vielleicht können Sie uns erklären, wozu Sie das ganze Pulver brauchen, das wir in Ihrem Keller gefunden haben? Und die Rohre, die Zündköpfe und die Uhrwerke?«

Stuart schoß das Blut ins Gesicht. »Sie hatten keine Berechtigung, das Haus meiner Mutter zu durchsuchen. Sie hatten überhaupt kein Recht, meine Sachen zu durchwühlen.«

Pete blies ihm Zigarrenrauch ins Gesicht und lachte.

Die Tür öffnete sich und Captain Wilson trat ein. Er starrte sekundenlang Stuart an und wandte sich dann zu uns. »Vor ein paar Minuten ist O'Brien gestorben.«

Pete fesselte Stuart wieder mit den Handschellen an das Heizungsrohr. Wir gingen auf den Flur hinaus. »Wo ist Eileen?« fragte er. »Ist sie im Krankenhaus?«

Wilson schüttelte den Kopf. »Es war völlig unsinnig, daß sie dort stundenlang herumsaß. Ich habe ihr vor einer Stunde gesagt, daß sie nach Hause fahren soll.«

Er lächelte gequält. »Sie werden ihr wohl die Nachricht überbringen müssen.«

Er ging mit uns zusammen zum Fahrstuhl. »Aus dem Laboratorium liegt schon ein Ergebnis vor. Diese Bombe war um vieles stärker als die vorherigen. Ich schätze, daß fast die doppelte Menge Pulver verwendet worden ist.«

Pete schnaufte. »Wahrscheinlich ist es Stuart zu langweilig

geworden, daß bis jetzt noch keiner bei seinen Anschlägen draufgegangen ist.«

Wilson drückte auf den Fahrstuhlknopf. »Und noch etwas. Es war diesmal kein Zeitzünder. Die Bombe war so konstruiert, daß sie bei einer Berührung losgehen mußte.«

Wir kamen zu O'Briens Haus, das im Bauernstil gebaut war. Auf unser Klingeln öffnete Eileen die Tür. Sie sah uns sehr ruhig an und fragte dann leise: »Es ist vorbei, nicht? Jerry ist tot?«

Ich nickte.

Sie wandte sich um und ging ins Zimmer zurück. Pete und ich schlossen die Haustür und folgten ihr.

Wir standen hilflos im Zimmer und schauten auf die Frau, die uns den Rücken zugekehrt hatte und aus dem Fenster starrte. Pete räusperte sich. »Ich glaube, Fred, es ist besser, wenn wir gehen.«

Eileen drehte sich um. »Nein, bitte nicht. Ich möchte jetzt nicht allein sein. Ich denke, es ist besser, wenn jemand um mich ist.« Sie lächelte dünn. »Ich weiß, daß es Ihnen auch nahegeht. Sie waren Jerrys beste Freunde.«

Pete fummelte an seiner Hutkrempe. »Zumindest haben wir den Burschen geschnappt, der es getan hat. Das ist das einzig Gute an der Sache.«

Eileen beugte sich über die silberne Zigarettendose auf dem Cocktailtisch. »Hat er schon gestanden?«

»Wir werden ihn dazu bringen«, sagte ich. »Verlassen Sie sich drauf.«

Eileen ließ sich auf die Couch fallen. »Was ist das für ein Mensch?«

Ich zuckte mit den Achseln. »Ich könnte es nicht sagen. Ich bin kein Psychiater.«

»Er ist ein Schwächling«, sagte Pete. »Ein Schwächling, der für sein Leben gern ein bedeutender Mann wäre. Ein Mann, vor dem eine ganze Stadt zittert.«

Eileen war in Gedanken versunken. Dann sagte sie: »Pete, würden Sie bitte für uns alle Drinks machen? Ich glaube, ich habe einen nötig.«

Ich hörte, wie Pete in der Küche hantierte. »Wir haben

den richtigen Mann gefunden, Eileen«, sagte ich leise. »Wir haben alle Beweise in der Hand, um ihn festzunageln.«

Sie lächelte leicht. »Das war ein Glückstreffer, nicht wahr?«

»Ja«, nickte ich. »Reiner Zufall.«

Pete brachte zwei Whisky-Soda für Eileen und mich, er selbst öffnete eine Flasche Bier.

»Im Kühlschrank war kein Bier mehr. Ich bin in den Keller gegangen und habe mir eine Flasche aus der Kiste geholt. Ich hoffe, daß es Ihnen recht war, Eileen? Jerry hatte mir mal gesagt, daß ich mich jederzeit im Keller bedienen kann, wenn der Kühlschrank leer ist.«

Er goß sein Bier vorsichtig ins Glas. »Ich glaube, daß Jerry seine Arbeit sehr gern hatte«, meinte er langsam. »Ich meine, den Umgang mit Bomben.«

Eileen schaute ihn an. »O ja, das glaube ich auch.«

»Als ich mir das Bier holte, habe ich festgestellt, daß er im Keller eine Art eigene Werkstatt hat. Es sieht so aus, als hätte er sich auch zu Hause mit Bomben beschäftigt.« Pete lächelte. »Hatten Sie nicht manchmal Angst, daß er das ganze Haus in die Luft jagen könnte?«

Eileen schüttelte den Kopf. »Wir hatten niemals Pulver oder Dynamit im Haus. Jerry studierte nur die Technik der verschiedenen Bombentypen.«

Pete und ich blieben noch eine halbe Stunde, ehe wir uns verabschiedeten.

Pete rutschte hinter das Steuer unseres Wagens und ließ den Motor an. »Wie lange waren die beiden eigentlich verheiratet, Fred?« fragte er.

»Zwei Jahre. Das weißt du genausogut wie ich.«

Er nickte. »Ist es dir manchmal auch schon zum Bewußtsein gekommen, daß man die meisten Leute nur mit ihrem Sonntagsgesicht kennt? Man kann nie wissen, wie sie sich benehmen oder was sie denken, wenn sie ohne Zuschauer sind.«

»Die beiden sind gut miteinander ausgekommen«, sagte ich. »Wenn es nicht der Fall gewesen wäre, hätten sie sich ja scheiden lassen können, nicht wahr?«

Der Verkehr wurde dichter. »Im Keller lag ein Haufen Pläne und Aufzeichnungen.«

Bei einer Ampel mußte Pete halten. »Es ist ein abscheulicher Gedanke, Fred ... aber ich weiß, daß O'Brien ein fürsorglicher Ehemann gewesen ist. Er hat mir einmal gesagt, daß er mit dem höchsten Satz versichert sei. Ich glaube, er sprach von fünfzehntausend.«

Ich schleuderte meine Zigarette aus dem Fenster. »Wir sollten uns beeilen, zu Stuart zurückzukommen, ehe er eine Gelegenheit findet, sich mit einem Rechtsanwalt in Verbindung zu setzen.«

Stuart hatte in der Zwischenzeit offensichtlich nachgedacht, und seine Gedanken müssen nicht die besten gewesen sein. Er wich zurück, als Pete und ich den Raum betraten.

Pete zog sein Jackett aus und warf es über eine Stuhllehne. »Hier bin ich wieder, Stuart. Haben Sie mich schon vermißt?«

Stuarts Körper verkrampfte sich. »Ich habe Ihnen schon gesagt, daß ich mit den Bomben nichts zu tun habe.«

Petes Gesicht war dicht vor Stuarts. »So etwas Großartiges wie heute ist Ihnen noch nie gelungen, Stuart. Bis jetzt sind immer nur ein paar Krüppel auf der Strecke geblieben — aber diesmal haben Sie mehr Erfolg gehabt.«

In Stuarts Augen flackerte es auf.

»Mr. Stuart«, sagte ich, »wir brauchen von Ihnen nur eine einfache Erklärung. Nachher können Sie sich, wenn Sie wollen, mit den Reportern unterhalten. Ich möchte wetten, daß Ihr Bild wochenlang auf den Titelseiten erscheinen wird.«

Er befeuchtete seine Lippen. Doch nach kurzer Überlegung antwortete er entschieden: »Nein, ich habe nichts zu sagen.«

»Mr. Stuart«, fuhr ich geduldig fort, »wir haben Sie nicht aufs Geratewohl aus der Menge gegriffen. Wir beobachten Sie schon seit längerer Zeit. So zum Beispiel in der vorigen Woche — vor der Bibliothek.«

Pete tippte ihm ein paarmal auf die Schulter. »Mein Lieber, Sie sind jetzt ein Mörder, den man erwischt hat. Wenn Sie nicht mit uns zusammenarbeiten, wird es Ihnen nicht sehr gut ergehen.«

Ich schaltete mich wieder ein. »Mr. Stuart, wir wollen Sie hier nicht verurteilen. Vielleicht wollen Sie sich über etwas beschweren. Ist es so?«

Ich hatte ihn beinahe zum Sprechen gebracht, als Pete fortfuhr: »Wissen Sie, was Sie erwartet, Stuart? Wissen Sie, was in diesem Staat mit Mördern passiert?«

Stuarts Gesicht wurde leichenblaß.

Ich verzog mich in eine Ecke, in der Stuart mich nicht sehen konnte. Als ich zu Pete hinüberschaute, schüttelte ich warnend den Kopf. »Mr. Stuart«, sagte ich sanft. »Es kann davon nicht die Rede sein, daß Sie auf den elektrischen Stuhl müssen. Wir alle wissen ganz genau, daß Sie bei Ihrer Tat nicht voll zurechnungsfähig gewesen sind. Das Gericht dieses Staates wird zu derselben Ansicht gelangen. Das Schlimmste, was Ihnen passieren kann, sind ein paar Jahre in einer Anstalt.«

Wir ließen Stuart eine ganze Minute zum Nachdenken Zeit, aber er schüttelte auch dann nur hartnäckig den Kopf. »Nein, ich weigere mich, irgend etwas zuzugeben.«

Pete griff ihn am Hemd und beutelte ihn heftig. Das war die einzige Methode, nach der er arbeiten konnte.

»Pete, du weißt, daß wir so nicht vorgehen dürfen«, murmelte ich.

Pete rieb die Handflächen aneinander. »Wie wäre es, Fred, wenn du eine Tasse Kaffee trinken gehen würdest? In einer Viertelstunde kannst du zurückkommen.«

Ich schüttelte den Kopf. »Nein, Pete.« Dann sah ich Stuart aufmerksam an. »Ihre Sammlung von Zeitungsausschnitten ist sehr vollständig. Sie scheinen eine Vorliebe für Bomben zu haben.«

Pete grinste. »Na Stuart, ich finde, daß die Sammlung noch nicht ganz vollständig ist. Ihr Bild fehlt noch in den Berichten.«

»Ich muß Sie bewundern, Mr. Stuart«, mischte ich mich rasch ein. »Sie haben es meisterhaft verstanden, der Polizei in all den Jahren zu entgehen.«

Ich glaubte, Selbstzufriedenheit in seinen Augen zu entdecken.

»Sie ahnen gar nicht, wie viele Geständnisse wir schon bekommen haben. Gerade jetzt sitzen unten drei Männer, die ein Geschrei machen, damit ihr Bild in die Zeitung kommt. Sie erklären lärmend, daß sie für die ganzen Bombenattentate verantwortlich seien.«

Ich glaube, es war Entrüstung, die ihm die Röte ins Gesicht trieb.

»Das wäre die eine Sache, Mr. Stuart«, fuhr ich fort, »die andere ist, daß ich nicht die ganze Zeit hier sein kann. Pete wird irgendwann allein zu Ihnen kommen. Und darauf können Sie sich verlassen, er erfährt auf seine Art immer, was er wissen will. Ich kann das nicht verhindern — es sei denn, Sie machen jetzt ein Geständnis.«

Ich zündete mir eine Zigarette an und ließ Stuart Zeit zum Nachdenken.

Ich konnte ihm die Gedanken vom Gesicht ablesen. Er wußte nicht, was er mehr befürchten sollte: daß ein anderer die Publicity einheimsen könnte oder daß man ihn mit Pete allein lassen würde.

Er fuhr sich unablässig mit den Handflächen über die Hosen und starrte auf den Boden. Schließlich seufzte er. »Also gut. Ich werde Ihnen alles sagen.«

Pete lächelte kurz. »Ich bin am meisten an der letzten Bombe interessiert.«

Stuarts Gesicht wurde lebhaft. »Solange Sie hier sind, werde ich kein Wort sagen.« Er deutete auf mich. »Ich will nur mit ihm sprechen.«

Achselzuckend ging Pete aus dem Raum und schickte den Stenographen hinein.

Als Stuart alle Einzelheiten bis zur dreizehnten Bombe berichtet hatte, zündete ich mir eine neue Zigarette an. »Und nun zur letzten«, sagte ich, »zur vierzehnten. Warum haben Sie auf einmal die Wirkung der Bombe verstärkt? Geschah es darum, weil Sie mit dem Erfolg der anderen nicht restlos zufrieden waren?«

Er schaute mich verschmitzt an. »Ja — das war der Grund.«

Ich stieß den Rauch durch die Nase. »Sie haben keinen Zeitzünder eingebaut. Sie hatten die Bombe so eingestellt, daß sie, sobald jemand das Paket hochnahm, explodierte. Können Sie mir dafür eine Erklärung geben?«

Er stutzte einen Moment und runzelte die Augenbrauen. Dann sagte er: »Ich hielt den Erfolg für effektvoller.«

Als der Stenograph das Geständnis auf die Maschine übertragen hatte, kam er wieder in den Raum. Stuart las alles sorgfältig durch und setzte dann seinen Namen darunter.

Dann war ich mit ihm allein.

Ich öffnete das Fenster und lehnte mich hinaus, um etwas frische Luft zu schöpfen.

Stuart stellte sich neben mich. »Was geschieht, wenn ich das Geständnis widerrufe? Das kann ich doch, nicht wahr?«

Ich nickte. »Ja, das können Sie.«

»Zwei Polizisten getötet«, sagte er voller Wohlbehagen. »Mein Foto wird in allen Zeitungen im Land auf der ersten Seite veröffentlicht werden ...«

Ich nickte.

Er machte ein verschmitztes Gesicht. »Gesetzt den Fall, ich behaupte, daß die letzte Bombe nicht von mir stammt. Gesetzt den Fall, ich gebe alle anderen Attentate zu und leugne dieses letzte. Würde mein Bild dann auch in den Zeitungen erscheinen?«

Ich deutete auf die Straße unter uns. »Ich werde verrückt! Haben Sie so etwas schon je gesehen?«

Er beugte sich weit aus dem Fenster, um besser zu sehen.

Ich brauchte nur eine Sekunde.

Stuarts Schreie gellten während des ganzen Sturzes in die Tiefe.

Pete setzte sich an die Theke und bestellte eine Tasse Kaffee. »Man lernt doch nie aus. Ich hätte meine Hand dafür ins Feuer gelegt, daß Stuart nicht der Typ ist, der aus dem Fenster springt.«

Ich zuckte die Achseln. »Wir werden ihm kaum eine Träne nachweinen. Wir haben sein Geständnis, und damit ist der Fall für uns erledigt. Er hat mit seinem Selbstmord dem Staat nur Unkosten erspart.«

Pete starrte tiefsinnig in seinen Kaffee. »Noch während ich Stuart bearbeitet habe, kamen mir Zweifel, ob er mit der letzten Bombe wirklich etwas zu tun hat. Ich bin diesen Zweifel auch jetzt nicht los geworden und werde der Sache weiter nachgehen. Und wenn es nur darum geht, meine Neugierde zu befriedigen.«

»Du verschwendest deine Zeit, Pete.«

»Es ist meine Zeit. Ich werde mich damit außerhalb der Dienststunden befassen.« Er goß sich Milch in den Kaffee. »Ich will damit nicht sagen, daß ich Stuart für unschuldig halte.

Es liegen zu viele Indizien gegen ihn vor. Ich glaube nur, daß er nicht für alle vierzehn Bomben verantwortlich zu machen ist.«

Er unterdrückte ein Gähnen und warf einen Blick auf die Wanduhr. »Ich würde jetzt am liebsten in meine kleine, alte Wohnung gehen und die Schuhe ausziehen, aber ich habe meinen Leuten versprochen, noch kurz bei ihnen hineinzuschauen.«

Er schlürfte seinen Kaffee. »Aber du kannst dich darauf verlassen, daß ich spätestens um zehn Uhr in der Falle liege.«

Um neun Uhr betrat ich Eileens Haus.

Ihre Stimme klang eindringlich. »Wie ist es ausgegangen?«

»Er hat ein Geständnis abgelegt«, sagte ich. »Über alle vierzehn Bomben.«

Eileen lächelte. »Du mußt eine Meisterleistung an Überredungskunst vollbracht haben.«

Ich schleuderte meinen Hut auf die Couch. »Kurz nachdem Stuart das Geständnis unterschrieben hat, ist er aus dem Fenster gesprungen. Außer mir war keiner dabei, als es passierte.«

Sie atmete erleichtert auf, aber dann runzelte sie auf einmal die Stirn. »Vielleicht ist noch nicht alles vorbei. Wir dürfen Pete nicht unterschätzen. Ich könnte mir vorstellen, daß ihm Zweifel kommen könnten. Er ist der Typ, der mit allen Mitteln versucht, hinter die Wahrheit zu kommen.«

Ich nahm sie in meine Arme. »Mach dir darum keine Sorgen, Liebling.«

Sie schaute mich fragend an.

»Ich habe noch ein Paket gemacht«, sagte ich. »Damit habe ich mich vorhin in Petes Wohnung geschlichen, als ich wußte, daß er nicht zu Hause war. Sobald das Telefon klingelt, fliegt er in die Luft.«

Um elf Uhr wählte ich Petes Nummer.

Nur um ganz sicherzugehen.

RICHARD MATHESON

Noahs Nachkommen

Ihr korpulenter Autor gibt bereitwillig zu, daß er gern ein paar Pfund abnehmen würde, aber er denkt voller Schaudern daran, daß er sein Gewicht wie Mr. Ketchum in der verschlafenen Stadt Zachry, Einwohnerzahl siebenundsechzig, verlieren könnte.

Um drei Uhr morgens fuhr Mr. Ketchum an einem Ortsschild vorbei. Er las: ›Zachry, Einwohnerzahl 67‹. Mr. Ketchum stöhnte. Schon wieder eine dieser endlos langgestreckten Ortschaften an der Küste von Maine. Er preßte die Augen kurz zusammen, riß sie wieder auf und trat das Gaspedal durch. Der Ford schoß vorwärts. Vielleicht hätte er Glück und fände ein nettes Motel zum Übernachten. Aber die Aussichten hierfür waren in ›Zachry, Einwohnerzahl 67‹ sehr gering.

Mr. Ketchum verlagerte sein Gewicht auf dem Sitz etwas und streckte die Beine aus. Er hatte einen miserablen Urlaub hinter sich. Er hatte davon geträumt, Neu Englands historische Schönheiten und die vielgepriesene herrliche Natur zu genießen, aber er hatte auf dieser Tour nur Stumpfsinn, Erschöpfung und Überpreise kennengelernt.

Mr. Ketchum war im höchsten Maße mißgestimmt.

Als er die Hauptstraße entlangfuhr, hatte er das Gefühl, daß die ganze Stadt schlafe. Das Geräusch seines Wagens unterbrach die Stille der Nacht; das einzige Licht, das er sah, war das seiner Scheinwerfer, das jetzt auf das Schild fiel: ›Höchstgeschwindigkeit 25 km‹.

»Aber gewiß doch«, brummte er unwillig und gab noch mehr Gas. Drei Uhr in der Frühe! Und die Stadtväter erwarteten von ihm, daß er wie eine Schnecke durch dieses lausige Nest kroch.

Mr. Ketchum warf einen flüchtigen Blick auf die dunklen Gebäude, an denen er vorbeiraste. Leb wohl, Zachry, dachte er, lebt wohl, ihr siebenundsechzig Einwohner!

Dann war er da, der andere Wagen. Mr. Ketchum sah ihn im Rückspiegel. Die Limousine war etwa fünfzig Meter von ihm entfernt. Das Rotlicht auf dem Dach drehte sich langsam. Es war Mr. Ketchum völlig klar, was das für ein Auto war. Er nahm den Fuß vom Gas und fühlte, wie sein Herz schneller schlug. Ob es möglich war, daß ihnen seine Geschwindigkeit nicht aufgefallen war?

Er bekam sehr schnell die Antwort auf diese Frage. Als die Limousine anzog und auf dieselbe Höhe mit dem Ford kam, lehnte sich ein Mann mit einem breitrandigen Hut aus dem Fenster und bellte: »Fahren Sie an die Seite!«

Mr. Ketchum fühlte, wie seine Kehle trocken wurde, als er an die Bordschwelle fuhr und hielt. Er stellte den Motor ab und zog die Handbremse an.

Der Polizeiwagen parkte direkt vor ihm, und die rechte vordere Tür öffnete sich.

Im Scheinwerferlicht sah er die dunkle Gestalt näherkommen. Er schaltete hastig mit dem linken Fuß das Fernlicht aus. Er schluckte schwer. Mist, verfluchter! dachte er. Das muß mir passieren, daß mich mitten in der Nacht in einem Ort, wo sich die Füchse gute Nacht sagen, ein Bauernlümmel von Polizist wegen Geschwindigkeitsübertretung anhält. Er knirschte mit den Zähnen und wartete.

Der Mann in der dunklen Uniform mit dem breitkrempigen Hut steckte seinen Kopf durch das Fenster. »Führerschein!« blaffte er.

Mr. Ketchum langte mit zittrigen Händen in sein Jackett und holte seine Brieftasche hervor. Er nahm seinen Führerschein heraus und reichte ihn dem Uniformierten, der ihn mit unbeweglichem Gesicht entgegennahm. Mr. Ketchum saß abwartend da, als der andere seine Taschenlampe auf den Führerschein richtete.

»Aus New Jersey«, brummte der Polizist.

»Ja – gewiß – das stimmt«, bestätigte Mr. Ketchum.

Der Uniformierte starrte immer noch auf den Führerschein. Mr. Ketchum rutschte unruhig auf seinem Sitz hin und her und preßte die Lippen zusammen. »Er ist noch nicht abgelaufen«, sagte er schließlich.

Er sah, wie der finster dreinblickende Polizist seinen Kopf hob. Dann schnappte Mr. Ketchum nach Luft, als sich der Lichtstrahl der Taschenlampe auf sein Gesicht richtete. Er drehte den Kopf zur Seite.

Als das Licht erlosch, blinzelte Mr. Ketchum mit tränenden Augen.

»Liest man in New Jersey keine Verkehrsschilder?« fragte der Polizist barsch.

»Wieso — meinen S-Sie das S-Schild m-mit der E-Einwohnerzahl sechsundsiebzig — äh — ich meine siebenundsechzig?«

»Nein, das Schild meine ich nicht«, grunzte der Polizist.

»Oh?« Mr. Ketchum räusperte sich. »Ich habe nur dieses eine gesehen —«

»Dann sind Sie ein schlechter Fahrer!«

»Nun ja, ich bin —«

»Das Schild verlangt eine Geschwindigkeitsbegrenzung von fünfundzwanzig Stundenkilometern. Sie sind achtzig gefahren.«

»Oh — ich habe — es tut mir leid, ich habe das Verkehrszeichen nicht gesehen.«

»Die Höchstgeschwindigkeit in diesem Ort ist fünfundzwanzig — ob Sie das Schild gesehen haben oder nicht.«

»Gewiß, gewiß — aber zu dieser Tageszeit —«

»Haben Sie etwas von einer Zeitbegrenzung gelesen?« fragte der Uniformierte eindringlich.

»Nein, natürlich nicht — ich will sagen — ich habe doch das Schild überhaupt nicht gesehen — —«

»Was Sie nicht sagen!«

Mr. Ketchum fühlte, wie sich seine Haare im Nacken langsam sträubten. Er starrte den Polizisten sekundenlang an und fragte schließlich: »Kann ich meinen Führerschein zurückhaben?«

Der andere sagte kein Wort. Er stand auf der Straße und rührte sich nicht.

»Kann ich —«, begann Mr. Ketchum noch einmal.

»Fahren Sie uns nach!« unterbrach ihn der Polizist und ging auf den Streifenwagen zu.

Mr. Ketchum starrte ihm wortlos nach. Dann hob er die Arme und hätte am liebsten gerufen: »Heh, Sie, warten Sie!«, aber dann fielen seine Hände resigniert auf das Steuer zurück. Der Polizist hatte ihm seinen Führerschein nicht zurückgegeben. Mr. Ketchum fühlte sich auf einmal nicht sehr wohl in seiner Haut.

Was soll das? fragte er sich verdrossen, als er den Polizisten einsteigen sah. Der Streifenwagen setzte sich in Bewegung. Das Rotlicht auf dem Dach begann wieder sich zu drehen.

Wohl oder übel folgte Mr. Ketchum dem anderen Auto.

»Das darf alles nicht wahr sein«, sagte er laut zu sich, um sich Mut zu machen. »Sie haben kein Recht, mich so zu behandeln. Leben wir vielleicht im Mittelalter? Er kniff ergrimmt seine dicken Lippen zusammen.

Nach zwei Straßenkreuzungen bog der Streifenwagen ab. Mr. Ketchum sah ein paar Farbkleckse auf einer Schaufensterscheibe. Mühsam entzifferte er die verwitterten Buchstaben als ›Kolonialwaren‹.

Die Straße war völlig unbeleuchtet. Er fuhr wie durch eine dicke Suppe. Vor ihm waren die beiden Rücklichter des Polizeiwagens und das Rotlicht auf dem Dach, hinter ihm lag undurchdringliche Finsternis. Der fabelhafte Abschluß eines erbärmlichen Tages, sinnierte Mr. Ketchum. Wegen Geschwindigkeitsübertretung in Zachry, im Staate Maine, aufgehalten. Wirklich fabelhaft! Er schüttelte den Kopf und sinnierte. Warum mußte er auf die grandiose Idee verfallen, seinen Urlaub in New England zu verbringen? Warum war er nicht wie in all den Jahren zuvor nach Newark gefahren? Dort hätte er lange schlafen können, wäre zu ein paar Veranstaltungen gegangen, hätte gut gegessen und abends den Fernsehapparat angeschaltet. Aber nein, es mußte ja in diesem Jahr unbedingt New England sein!

Der Polizeiwagen bog an der nächsten Ecke rechts ab, dann noch einmal nach links und blieb schließlich stehen. Als der andere Wagen die Scheinwerfer ausschaltete, tat Mr. Ketchum dasselbe. Es war zu blöde! Es war das reinste Affentheater! Sie hätten ihm genausogut in der Hauptstraße seine Strafe aufbrummen können. Aber sie wollten sich aufspielen. Diesen

Landpolizisten machte es einen Heidenspaß, jemanden aus einer Großstadt zu erniedrigen.

Mr. Ketchum wartete. Er war entschlossen, sich auf keine Diskussion einzulassen. Er würde anstandslos die gebührenpflichtige Verwarnung zahlen und abfahren. Er zog die Handbremse an. Plötzlich runzelte er die Stirn, als ihm in den Sinn kam, daß es denen völlig überlassen war, die Höhe der zu zahlenden Strafe festzusetzen. Wenn sie Lust dazu hatten, konnten sie ihm 500 Dollar abknöpfen. Dem dicken Mann fielen Geschichten über Kleinstädte ein, in denen davon die Rede war, daß die dortigen Polizeistationen ihre absolute Macht genossen. Er hatte plötzlich einen Kloß in der Kehle. Doch dann ermahnte er sich zur Ruhe. Das ist absurd, dachte er, ich muß aufpassen, daß meine Phantasie nicht mit mir durchgeht.

Der Polizist öffnete Mr. Ketchums Wagentür.

»Steigen Sie aus!« befahl er.

Die Straße war stockfinster. Mr. Ketchum konnte kein einziges Gebäude erkennen. Er fuhr sich mit der Zunge über seine dicken Lippen. Das einzige, was er sehen konnte, war die dunkle Gestalt des Polizisten.

»Ist – das hier – die Polizeistation?« fragte er und versuchte, seiner Stimme Festigkeit zu geben.

»Steigen Sie aus!« wiederholte der Polizist barsch.

Mr. Ketchum tat, wie ihm befohlen, und knallte seinen Wagenschlag zu. Es gab ein lautes, hallendes Geräusch. Es schien, als befänden sie sich in einem unbeleuchteten Warenhaus und nicht auf der Straße. Als Mr. Ketchum nach oben blickte, verstärkte sich diese Vorstellung in ihm. Er sah weder Mond noch Sterne. Himmel und Erde waren eins in ihrer Finsternis.

Als sich die Hand des Uniformierten um Mr. Ketchums Arm legte, strauchelte er kurz. Er fing sich wieder und versuchte, mit dem langen Polizisten Schritt zu halten.

»Ganz schön dunkel hier«, hörte er sich mit einer Stimme, die nicht seine eigene zu sein schien, sagen.

Der Polizist ging nicht darauf ein. Der zweite Polizist, den Mr. Ketchum bisher noch nicht zu Gesicht bekommen hatte, ging an seiner anderen Seite. Diese Hinterwäldler wollen mich ganz schön einschüchtern, dachte er erbost, aber das wird ihnen nicht gelingen.

Er atmete tief die feuchte Seeluft ein und stieß sie durch die Nase wieder aus. Man sollte es nicht für möglich halten: ein lächerliches Nest mit siebenundsechzig Einwohnern hatte zwei Polizisten, die nachts um drei auf der Lauer lagen! Nicht zu fassen!

Er übersah eine Stufe und stolperte. Der Polizist zu seiner Linken faßte ihn am Ellenbogen.

»Vielen Dank«, murmelte Mr. Ketchum automatisch. Als er keine Antwort bekam, benetzte er wieder seine Lippen. Ungebildeter Affe, dachte er und brachte ein hochmütiges Lächeln zustande. Er gewann für einen kurzen Augenblick seine Selbstsicherheit zurück.

Als eine Tür aufgestoßen wurde, blinzelte er und seufzte dann erleichtert auf. Er hatte kaum noch daran geglaubt, aber er befand sich wirklich auf einer Polizeistation. Er sah den erhöhten Tisch, das Schwarze Brett, den schwarzen, elektrischen Heizofen, der nicht angeschaltet war, die Bank an der Wand, eine zweite Tür, das schmutzige Linoleum auf dem Fußboden, das Risse hatte und ursprünglich grün gewesen sein mußte.

»Setzen Sie sich und warten Sie«, sagte der erste Polizist.

Mr. Ketchum sah zum erstenmal dessen Gesicht. Es war hager und eckig und von einer bräunlichen Farbe. Seine Augen waren so dunkel, daß die Iris in die Pupille überging. Seine Uniform war viel zu weit und schlotterte um seinen Körper.

Ehe Mr. Ketchum einen Blick auf den anderen Polizisten werfen konnte, gingen die beiden Uniformierten aus dem Raum. Er starrte gebannt auf die geschlossene Tür. Sollte er sich davonmachen und abfahren? Nein, das ging nicht. Seine Adresse stand auf dem Führerschein. Und wer weiß, vielleicht wollten sie, daß er einen Fluchtversuch machte. Wer kann schon in das Hirn eines Landpolizisten sehen? Vielleicht würden sie auf ihn schießen, wenn er das Gebäude verließe.

Mr. Ketchum ließ sich schwer auf die Bank fallen. In welche Gedanken verrannte er sich! Das hier war nur eine kleine Stadt an der Küste von Maine, und sie wollten ihm nur eine Strafe wegen Überschreitung der Geschwindigkeit auferlegen!

Warum tun sie es dann nicht? meldete sich eine andere

Stimme in Mr. Ketchum. Was soll dieses Tamtam? Der korpulente Mann preßte die Lippen zusammen. Nun gut, er würde das Ende dieser Geschichte abwarten. Das war besser, als heimlich wegzufahren. Er schloß die Augen. Ich werde ein kleines Nickerchen machen, dachte er.

Als er kurz darauf die Augen wieder öffnete, stellte er fest, daß es unheimlich ruhig war. Er sah sich in dem dürftig beleuchteten Raum um. Die Wände waren schmutzig und kahl, wenn man von einer Wanduhr und einem Gemälde, das an der Wand hinter dem Tisch hing, absah. Es war übertrieben, von einem Gemälde zu sprechen, denn das Bild glich eher einer Reproduktion. Es stellte einen bärtigen Mann mit einem Seemannshut dar. Offensichtlich handelte es sich um einen ehemaligen Marineoffizier aus Zachry, oder aber – was Mr. Ketchum noch für wahrscheinlicher hielt – es war ganz einfach ein billiger Druck aus einem Warenhaus, der unter der Bezeichnung ›Der Bärtige‹ verkauft wurde.

Mr. Ketchum schüttelte mißbilligend den Kopf. Er konnte nicht verstehen, was solch ein Druck auf einer Polizeistation zu suchen hatte. Vielleicht fand man das Bild hier so schön, weil Zachry an der atlantischen Küste lag. Wahrscheinlich lebten die Einwohner hauptsächlich vom Fischfang. Trotzdem, was sollte es? Achselzuckend wandte Mr. Ketchum seinen Blick von dem Bild.

Aus dem Nebenzimmer hörte er die gedämpften Stimmen der beiden Polizisten. Er versuchte angestrengt, etwas zu verstehen, aber es gelang ihm nicht. Er starrte finster auf die geschlossene Tür. Nun macht schon, dachte er grollend. Die Wanduhr zeigte drei Uhr zweiundzwanzig an. Er verglich die Zeit mit seiner Armbanduhr. Es stimmte haargenau. Dann öffnete sich die Tür, und die beiden Uniformierten traten zu ihm.

Einer von beiden ging gleich darauf aus dem Raum. Der andere, jener, der Mr. Ketchum den Führerschein abgenommen hatte, setzte sich hinter den erhöhten Tisch, schaltete die Tischlampe an, holte aus der obersten Schublade ein dickes Buch hervor und begann zu schreiben. Wenigstens etwas, dachte Mr. Ketchum.

Eine Minute verstrich.

»Ich . . .« Mr. Ketchum räusperte sich. »Verzeihen Sie . . .«

Er verstummte, als der Polizist von dem Buch aufsah und ihm einen eiskalten Blick zuwarf.

Dann nahm er einen neuen Anlauf.

»Wollen Sie – sagen Sie mir jetzt, was ich an Strafe zu zahlen habe?«

Der Uniformierte vertiefte sich wieder in das Buch. »Sie warten«, grollte er.

»Aber ich bitte Sie! Es ist drei Uhr morgens, und ich bin –« Dann besann er sich eines Besseren und versuchte, kalt und überlegen dreinzublicken. »Nun denn«, sagte er mit schneidender Höflichkeit, »würden Sie die Freundlichkeit haben und mir sagen, wie lange das alles noch dauern soll?«

Der Polizist schrieb schweigend weiter in sein dickes Buch. Mr. Ketchum saß steif aufgerichtet da. Widerlicher Kerl, dachte er, und seine dicken Lippen kräuselten sich verächtlich. Widerliches New England! Du kannst mir für die Zukunft gestohlen bleiben!

Schließlich blickte der Polizist auf. »Verheiratet?« fragte er knapp.

Mr. Ketchum starrte ihn verblüfft an.

»Ich habe Sie gefragt, ob Sie verheiratet sind.«

»Nein, ich – aber das steht alles im Führerschein«, platzte Mr. Ketchum heraus. Auf der einen Seite erfüllte ihn seine forsche Erwiderung mit Genugtuung, auf der anderen Seite durchrieselte ihn ein eigenartiges Angstgefühl, als er dem Uniformierten antwortete.

»Haben Sie Familienangehörige in Jersey?« fragte der andere weiter.

»Ja. Das heißt nein. Nur eine Schwester in Wiscons –«

Mr. Ketchum beendete den Satz nicht. Er sah, wie sich der Polizist Notizen machte, und wünschte sehnlichst, daß er das flaue Gefühl in der Magengegend überwinden könnte.

»Angestellt?«

Mr. Ketchum schluckte. »Ich habe – keinen bestimmten – Arbeitgeb –«

»Also arbeitslos«, nickte der Polizist.

»Nein, nein, aber nicht doch«, sagte Mr. Ketchum steif. »Ich bin freiberuflicher Vertreter und verkaufe im Auftrage einiger

Firmen —« Er verstummte, als ihn der harte Blick des Polizisten traf. Er mußte ein paarmal schlucken, ehe der Kloß aus seiner Kehle verschwand. Es kam ihm zum Bewußtsein, daß er auf der äußersten Kante der Bank saß, als befände er sich auf dem Sprunge, sein Leben zu verteidigen. Er zwang sich, zurückzurutschen, und holte tief Luft. Ruhig Blut, Junge, sagte er zu sich selbst. Er schloß die Augen, um besser nachdenken zu können. Er war todmüde.

Das schwache, gleichmäßige Ticken der Wanduhr war das einzige Geräusch im Raum. Mr. Ketchum rutschte mit seinem massigen Körper auf der unbequemen Bank hin und her. Das darf alles doch nicht wahr sein, dachte er.

Er öffnete die Augen wieder und runzelte die Stirn. Dieses verfluchte Bild! Man konnte fast das Gefühl haben, daß einen die Augen des bärtigen Seemanns unentwegt anstarrten.

Fast ...

»Uuaah!«

Mr. Ketchum fiel der Unterkiefer herunter, er riß die Augen auf, und seine Lider flatterten. Er machte einen Versuch, von der Bank aufzuspringen, sank aber wieder zurück.

Ein dunkelhäutiger Mann beugte sich über ihn und legte ihm die Hand auf seine Schulter.

Mr. Ketchums Herz klopfte wie rasend. »Ja?« fragte er beklommen.

Der Mann lächelte dünn.

»Mein Name ist Shipley, Polizeichef«, sagte er. »Kommen Sie bitte in mein Büro.«

»O ja«, murmelte Mr. Ketchum. »Gewiß. gewiß.«

Er wuchtete sich hoch und schnitt eine Grimasse, als er merkte, wie steif er auf der harten Bank geworden war. Als der andere einen Schritt zurücktrat, warf Mr. Ketchum automatisch einen Blick auf die Wanduhr. Es war kurz vor vier Uhr.

Er war so verschlafen, daß ihm nicht gleich einfiel, wie sehr man ihn eingeschüchtert hatte. »Schauen Sie«, sagte er, »warum kann ich nicht endlich meine Strafe zahlen und weiterfahren?«

Shipleys Lächeln war ohne eine Spur von Wärme.

»Wir haben hier in Zachry unsere eigenen Methoden«, sagte er.

Sie betraten ein kleines, muffiges Bürozimmer.

»Nehmen Sie Platz«, sagte der Polizeichef und ging um seinen Tisch herum. Mr. Ketchum ließ sich in einen Sessel mit einer steifen Lehne fallen. Der Stuhl ächzte unter dem Gewicht.

»Ich kann einfach nicht begreifen, warum ich nicht meine Strafe zahlen und dann abfahren kann.«

»Ich deutete Ihnen schon an, daß wir hier unsere eigene Rechtsprechung haben.«

»Aber —« Mr. Ketchum verstummte resigniert. Hinter Shipleys Lächeln lag eine versteckte Warnung. Der dicke Mann knirschte mit den Zähnen und räusperte sich. Er saß abwartend da, während sich der Polizeichef in den Bericht auf seinem Schreibtisch vertiefte. Mr. Ketchum stellte fest, daß der Anzug des Polizeichefs ebenfalls viel zu weit war und nicht saß. Diese Dummköpfe hier scheinen wirklich noch nie etwas von einem guten Schneider gehört zu haben, dachte er.

»Wie ich sehe, sind Sie nicht verheiratet«, meinte Shipley langsam.

Mr. Ketchum schwieg. Sollen sie doch selbst einmal sehen, wie es ist, wenn man keine Antwort bekommt, dachte er ergrimmt.

Shipley ließ sich davon nicht beeindrucken. »Haben Sie Freunde in Maine?« fragte er.

»Warum?«

»Nur eine Routinefrage, Mr. Ketchum, weiter nichts. Ihre einzige Familienangehörige ist eine Schwester, die in Wisconsin lebt, nicht wahr?«

Mr. Ketchum würdigte ihn keiner Antwort. Was, zum Teufel, hatte das alles mit seiner Geschwindigkeitsübertretung zu tun?

»Wie meinten Sie?« fragte Shipley milde.

»Ich habe Ihnen das schon gesagt — ich meine Ihren Beamten, und ich sehe keine Veranlassung —«

»Haben Sie geschäftlich in Maine zu tun?«

Mr. Ketchum klappte den Mund ein paarmal auf und zu, ehe er ein Wort hervorbringen konnte. »Wieso interessieren Sie meine Privatangelegenheiten?« keuchte er. — Reiß dich zusammen, befahl er sich selbst wütend.

»Nur eine Routinefrage. Haben Sie geschäftlich in Maine zu tun?«

»Ich bin hier auf Urlaub. Und jetzt lassen Sie mich gefälligst mit Ihrer Fragerei in Frieden. Bis jetzt war ich, weiß Gott, geduldig, aber verdammt noch mal, ich verlange, daß Sie mir die Höhe der Strafe nennen und mich weiterfahren lassen!«

»Ich fürchte, das wird nicht möglich sein.«

Mr. Ketchum starrte den anderen mit offenem Mund an. Er hatte das Gefühl, er würde aus einem Alptraum erwachen und feststellen, daß der fatale Traum noch nicht zu Ende war. »Wie – soll ich das verstehen?« brachte er mühsam hervor.

»Ich muß Sie vor den Richter führen.«

»Das kann nicht Ihr Ernst sein!«

»Nein?«

»Nein! Ich bin amerikanischer Staatsbürger und bestehe auf meinen Rechten!«

Das Lächeln des Polizeichefs wurde dünn.

»Sie haben das Gesetz gebrochen und sich damit selbst um diese Rechte gebracht«, sagte er. »Die Bestrafung für Ihr Vergehen liegt in unserer Hand.«

Mr. Ketchum blickte den Mann verständnislos an. Dann kam ihm zum Bewußtsein, daß er sich völlig in den Händen dieser Menschen befand. Sie konnten praktisch mit ihm machen, was sie wollten – sie konnten ihn sogar ins Gefängnis sperren! Diese Fragen, die sie ihm gestellt hatten! Er hatte keine Ahnung, warum sie das alles wissen wollten, aber aus den Antworten mußten sie schließen, daß er mehr oder minder ohne Anhang war, daß sich niemand darum kümmern würde, ob er lebte oder . . .

Das Zimmer drehte sich vor seinen Augen, und der Schweiß trat ihm aus allen Poren.

Das können sie nicht tun, dachte er, aber dieser Gedanke war ohne große Überzeugungskraft.

»Sie werden die Nacht im Gefängnis verbringen«, sagte der Polizeichef. »Morgen früh werden Sie dem Richter gegenübergestellt werden.«

»Das ist ungeheuerlich!« brach es aus Mr. Ketchum hervor. »Ungeheuerlich!«

Er fing sich wieder. »Ich habe das Recht, ein Telefongespräch zu führen«, sagte er hastig. »Das ist mir erlaubt! Das ist mein gesetzliches Recht!«

»Natürlich könnten Sie das«, meinte Shipley trocken, »— wenn wir hier in Zachry einen Telefonanschluß hätten.«

Als sie Mr. Ketchum in die Zelle brachten, sah er auf dem Gang ein Bild. Es stellte denselben bärtigen Seemann dar. Mr. Ketchum konnte nicht feststellen, ob ihm die Augen des Bärtigen folgten oder nicht.

Mr. Ketchum wachte auf. Schlaftrunken schaute er sich um, bis ihm zum Bewußtsein kam, wo er sich befand. Als er hinter sich ein klapperndes Geräusch hörte, stützte er sich auf die Ellenbogen.

Ein Polizist trat in die Zelle und setzte neben seiner Pritsche ein Tablett ab.

»Frühstück«, sagte er kurz. Er war älter als die beiden anderen Polizisten und Shipley. Sein Haar war eisgrau, und in seinem glattrasierten Gesicht zeichneten sich um Mund und Augen tiefe Furchen ab. Die Uniform schlotterte um seinen mageren Körper.

Als der Polizist wieder aus der Zelle gehen wollte, hielt Mr. Ketchum ihn auf. »Wann komme ich vor den Richter?«

Der Polizist blickte ihn prüfend an. »Keine Ahnung«, murmelte er und wandte sich ab.

»Moment mal!« brüllte Mr. Ketchum.

Doch der andere ging hinaus. Seine sich entfernenden Schritte hallten auf dem Zementfußboden. Mr. Ketchum starrte immer noch gebannt auf die Stelle, wo der Polizist eben gestanden hatte. Er war mit einem Schlage hellwach.

Er richtete sich auf und fuhr sich mit klammen Fingern über die Augen. Dann schaute er auf seine Armbanduhr. Sieben Minuten nach neun! Großer Gott, das mußte alles ein sehr übler Traum sein! Seine Nasenflügel weiteten sich. Er schnupperte und wollte nach dem Tablett langen. Mitten in der Bewegung hielt er inne.

»O nein!« sagte er zu sich selbst. Das Frühstück von dieser Bagage würde er nicht anrühren! Er setzte sich aufrecht hin, faltete die Hände über seinem dicken Bauch und starrte unverwandt auf die Socken an seinen Füßen.

Sein Magen knurrte gewaltig.

Nach einer Minute konnte er nicht länger widerstehen. Er

holte tief Luft und hob das Papier hoch, das über dem Tablett lag.

Der Anblick, der sich ihm bot, entlockte ihm ein unkontrolliertes »Oh«.

Er schaute auf drei in Butter gebratene Spiegeleier, die von einem Kranz ausgelassenem, durchwachsenem Speck umgeben waren. Daneben lagen vier dick mit frischer Butter bestrichene Toastbrote. Er sah ferner eine Schale mit Orangenmarmelade, ein Glas mit eisgekühltem Orangensaft, einen Teller mit Erdbeeren und Schlagsahne. Aus einer großen Kanne strömte ihm der aufreizende Duft von frisch aufgebrühtem Kaffee entgegen.

Mr. Ketchum langte nach dem Glas mit dem Orangensaft. Er nahm einen Schluck und behielt ihn prüfend im Mund. Die typische Säure prickelte angenehm auf seiner Zunge. Wenn der Saft vergiftet wäre, hätte ein Meister seine Hand im Spiel gehabt haben müssen. Ihm lief das Wasser im Munde zusammen. Wenn er es recht betrachtete, hatte er seit Ewigkeiten nichts mehr zu sich genommen.

Während er sich mit einer Mischung aus Vorsicht und Gier ans Essen machte, grübelte er, welchem Umstand er dieses köstliche Frühstück zu verdanken hätte.

Er kam zu der Ansicht, daß diese Hinterwäldler den Fehler, den sie gemacht hatten, bereuten und ihn bei guter Laune halten wollten. Das wäre zwar eine sehr billige Tour – aber das Frühstück war wirklich ausgezeichnet. Man konnte gegen die Neu-Engländer sagen, was man wollte, aber vom Essen verstanden sie etwas. Gewöhnlich bestand Mr. Ketchums Frühstück aus einer warmen süßen Semmel und aufgewärmtem Kaffee. Ein Frühstück wie dieses hier hatte er zuletzt als kleiner Junge im Elternhaus gegessen.

Als er bei der dritten Tasse Kaffee angelangt war, hörte er auf dem Gang näherkommende Schritte. Mr. Ketchum lächelte anerkennend. Sie haben den Zeitpunkt gut gewählt, dachte er und erhob sich.

Polizeichef Shipley blieb vor der Zelle stehen. »Haben Sie schon gefrühstückt?«

Mr. Ketchum nickte. Wenn der Polizeichef von ihm einen Dank erwartete, hatte er sich geirrt. Er griff nach seinem Mantel.

Der Polizeichef rührte sich nicht von der Stelle.

Ein paar Minuten verstrichen, ohne daß etwas geschah. »Nun . . .?« Mr. Ketchum versuchte, seiner Stimme Festigkeit und Arroganz zu verleihen. Aber es blieb bei dem Versuch. Die Frage war ein einziger krächzender Laut.

Der Polizeichef schaute ihn mit ausdruckslosem Gesicht an, und Mr. Ketchum fühlte, wie sein Atem unregelmäßig wurde.

»Darf ich mir die Frage erlauben —«, begann er.

»Der Richter ist noch nicht da«, sagte Shipley kurz angebunden.

»Aber . . .«, stammelte Mr. Ketchum ratlos.

»Ich bin nur gekommen, um Ihnen das zu sagen.« Shipley wandte sich um und entfernte sich.

Mr. Ketchum schäumte vor Wut. Was bildeten sich diese Idioten ein? Er starrte auf die Reste seines Frühstücks, als könnten sie ihm seine Frage beantworten. In seiner Verzweiflung und Wut trommelte er mit den Fäusten auf seine Schenkel. Was hatten sie im Sinn? Wollten sie ihn völlig einschüchtern? Und bei Gott — sie hatten es geschafft!

Mr. Ketchum trat an das Eisengitter der Zellentür und blickte nach links und nach rechts den leeren, totenstillen Gang entlang. Er fühlte, wie es ihm eiskalt den Rücken emporkroch; das Frühstück lag ihm wie ein Stein im Magen. Er rüttelte wie ein Wahnsinniger an den Eisenstäben. Du lieber Gott, hämmerten seine Gedanken, du lieber Gott —

Der Zeiger der Uhr rückte unerbittlich weiter. Als es zwei Uhr nachmittags geworden war, kamen der Polizeichef und der ältliche Polizist zu der Zelle. Der Polizist schloß wortlos die Tür auf. Mr. Ketchum warf sich seinen Mantel über und trat auf den Gang hinaus. Hinter ihm wurde die Zellentür wieder sorgfältig zugeschlossen.

Mr. Ketchum ging mit unsicheren Schritten zwischen den beiden Männern und vermied es, einen Blick auf das Bild an der Wand zu werfen. »Wo gehen wir hin?« fragte er schließlich.

»Der Richter ist krank«, sagte Shipley. »Wir fahren zu seinem Haus. Sie können dort Ihre Strafe bezahlen.«

Mr. Ketchum bezwang sich. Er würde mit ihnen keinen Streit anfangen, nein, das würde er nicht! »Also gut«, sagte er. »Wenn das die einzige Möglichkeit ist, diese Sache aus der Welt zu schaffen —«

»Es ist die einzige Möglichkeit.« Der Polizeichef blickte starr geradeaus. Sein Gesicht glich einer leblosen Maske.

Der Anflug eines Lächelns machte sich auf Mr. Ketchums Gesicht breit. Wie dem auch sei, dachte er, der Alptraum ist fast vorüber. Ich bezahle meine Strafe und mache mich aus dem Staube.

Draußen war es sehr neblig. Die Dunstschicht, die vom Meer kam, lag wie dicker Qualm in den Straßen. Mr. Ketchum schauderte und zog seinen Hut tief ins Gesicht. Die Feuchtigkeit der Luft drang in seinen Körper und legte sich wie ein eiserner Ring um seine Brust. Was für ein ekliger Tag, dachte er.

Als er die Stufen hinunterstieg, hielt er nach seinem Ford Ausschau.

Der ältliche Polizist öffnete die hintere Tür des Streifenwagens. Shipley bedeutete Mr. Ketchum einzusteigen.

»Was ist mit meinem Auto?« fragte Mr. Ketchum.

»Wenn der Richter Sie gesehen hat, fahren wir hierher zurück«, meinte Shipley.

»Aber ich . . .«

Mr. Ketchum zögerte sekundenlang, dann quälte er sich in den Streifenwagen und ließ sich schwer auf den Rücksitz fallen. Er schauderte, als die Kälte des Leders durch seinen Anzug drang. Er rutschte zur Seite, als der Polizeichef einstieg.

Der Polizist schlug die Tür zu. Da war es wieder, dieses hallende Geräusch. Mr. Ketchum stellte sich plötzlich vor, daß es so klingen müßte, wenn man einen Sargdeckel in einer Gruft zuschlug. Sein Lächeln glich einer Grimasse.

Der Polizist setzte sich hinter das Steuer. Der Motor sprang keuchend an, um gleich darauf wieder blubbernd abzusterben. Während der Polizist den Choker zog und versuchte, den Motor endgültig in Gang zu bringen, schaute Mr. Ketchum aus dem Fenster und zwang sich, ruhig zu atmen.

Solch einen Nebel hatte er noch nie erlebt; er glich absolut dickem Qualm. Wenn diese unheimliche Luftfeuchtigkeit nicht gewesen wäre, hätte er sich einbilden können, daß der Wagen in einer brennenden Garage parkte. Mr. Ketchum räusperte sich.

Er merkte, daß der Polizeichef unruhig wurde und auf seinem Sitz hin und her rutschte.

»Ganz schön kalt«, sagte Mr. Ketchum automatisch.

Wie nicht anders zu erwarten, reagierte der andere nicht.

Mr. Ketchum fiel auf seinem Sitz zurück, als der Wagen ruck=artig anfuhr. Der Polizist wendete und fuhr langsam durch den dichten Nebel. Mr. Ketchum hörte das gleichmäßige Zischen der Reifen auf dem nassen Asphalt und das rhythmische Surren der Scheibenwischer.

Kurz darauf warf er einen Blick auf seine Armbanduhr. Es war fast drei Uhr! Verdammt noch mal, jetzt war er schon einen halben Tag in diesem lausigen Nest, in diesem verfluchten Zachry!

Er schaute wieder aus dem Fenster und hatte das Gefühl, durch eine Geisterstadt zu fahren. Er glaubte, einige Ziegel=bauten zu erkennen, aber er war sich seiner Sache nicht sicher. Er starrte auf seine weißen Hände und warf dann Shipley, der senkrecht auf seinem Sitz saß und starr geradeaus sah, einen verstohlenen Blick zu. Seine Kehle war wie zugeschnürt.

Auf der Hauptstraße wurde der Nebel etwas dünner. Das wird am Seewind liegen, dachte Mr. Ketchum und schaute inter=essiert aus dem Fenster. Die Geschäfte und Büros sahen so aus, als seien sie geschlossen. Mr. Ketchum blinzelte zur anderen Straßenseite hinüber. Dort war es das gleiche.

»Wo sind denn all die Leute?« fragte er.

»Was?«

»Ich habe gefragt, wo denn all die Leute sind.«

»Zu Hause«, war die barsche Antwort.

»Aber heute ist Mittwoch. Sind Ihre Geschäfte heute nicht geöffnet?«

»Schlechter Tag«, brummte Shipley. »Es lohnt sich nicht.«

Mr. Ketchum warf dem dunkelhäutigen Polizeichef einen kurzen Blick zu, dann wendete er hastig den Kopf zur Seite. Er fühlte sich höchst unbehaglich, und eine dumpfe Angst be=schlich ihn. Was, zum Teufel, soll das alles? fragte er sich wohl zum hundertsten Male. In der Zelle war es schon scheußlich ge=wesen, aber es war fast schlimmer, jetzt im Nebel durch den ausgestorbenen Ort zu fahren.

Mr. Ketchums Nerven waren zum Zerreißen gespannt, aber

er versuchte hartnäckig, die dürftige Unterhaltung in Gang zu halten. »Da mögen die Geschäftsleute recht haben. Der Ort hat nur siebenundsechzig Einwohner, nicht wahr?«

Der Polizeichef schwieg.

»Wie — w—wie alt ist Zachry?«

Shipley knackte mit den Fingerknöcheln. »Hundertfünfzig Jahre«, sagte er schließlich.

»Ah, so alt schon!« Mr. Ketchum holte tief Luft und merkte zu seiner Zufriedenheit, daß seine Kehle nicht mehr ganz so zugeschnürt war. Nur weiter so, sagte er zu sich selbst, entspanne dich, alter Knabe!

»Wie kommt der Ort zu dem Namen Zachry?« sprudelte es aus ihm hervor.

»Noah Zachry hat ihn gegründet«, brummte Shipley.

»O ja, ich verstehe. Ich nehme an, daß das Bild auf der Polizeistation —«

»Ja.«

Mr. Ketchum schaute wieder blinzelnd aus dem Fenster. Also ein gewisser Noah Zachry hatte den Ort, durch den sie fuhren, gegründet — eine Straße nach der anderen —

Mitten in dem Gedankengang erstarrte Mr. Ketchum, und ihn beschlich wieder das ungute Gefühl in der Magengegend.

Wie konnte es in einer so großen Stadt nur siebenundsechzig Einwohner geben?

Er öffnete den Mund, um zu fragen, aber er brachte keinen Ton hervor. Man würde ihm vielleicht doch nicht die richtige Erklärung geben.

Aber er konnte die Frage nicht zurückhalten. »Warum hat der Ort nur —« Er zuckte beim Klang seiner eigenen Stimme zusammen.

»Was?«

»Ach nichts, gar nichts ...«, murmelte Mr. Ketchum und zwang sich zur Ruhe. Aber es war hoffnungslos, er mußte es einfach wissen.

»Warum leben in diesem großen Ort nur siebenundsechzig Menschen?«

»Die anderen sind weggegangen.« Die Antwort klang gleichgültig.

Mr. Ketchum zuckte die Achseln. Die Antwort war plausibel.

Zachry dürfte für die jüngere Generation auch kaum anziehend sein. Eine Massenflucht in reizvollere Gegenden war nur zu verständlich.

Der dicke Mann lehnte sich zurück. *Ich* habe ja schon den sehnlichen Wunsch, aus diesem dreckigen Nest zu verschwinden, dachte er, und ich wohne nicht einmal hier...

Sein Blick wurde von irgend etwas angezogen. Er kniff die Augen zusammen und starrte durch die Windschutzscheibe. Ein weißes Band war quer über die Straße gespannt. Er las: »Heute großes Festessen im Freien! – Fleisch am Spieß!« Eine Art Volksfest, dachte Mr. Ketchum. Wahrscheinlich setzen sich die rauhen Gesellen des Ortes alle vierzehn Tage zusammen, flicken ihre Netze, singen fröhliche Lieder und braten ein ganzes Schwein.

Als Mr. Ketchum merkte, daß sich das Schweigen wieder ausbreitete, fragte er hastig: »Wer war Zachry eigentlich?«

»Kapitän zur See«, antwortete der Polizeichef.

»Aha –«

»Er hat in der Südsee Walfische gefangen«, fügte Shipley hinzu.

Plötzlich war die Hauptstraße zu Ende. Der Polizeiwagen bog auf eine schmutzige Landstraße ab. Mr. Ketchum sah die Umrisse von Büschen zu beiden Seiten der Straße. Außer dem Geräusch des Motors hörte er nur, wie der nasse Kies, der von den Reifen aufgewirbelt wurde, gegen das Blech des Wagens prasselte. Wo wohnt denn dieser Richter? sinnierte er vor sich hin, hoch droben auf dem Berge? Er räkelte sich übelgelaunt auf seinem Sitz.

Der Nebel wurde dünner. Mr. Ketchum konnte das Gras und die Bäume erkennen. Alles war von einer grauen Staubschicht überzogen. Als der Wagen wendete, hatte Mr. Ketchum den Ozean vor sich. Unter ihm breitete sich der undurchdringliche Nebel wie ein Teppich aus. Der Wagen wendete wieder, und Mr. Ketchum hatte die steile Bergwand vor sich. Auf dem Gipfel entdeckte er ein Haus.

Er hüstelte. »Ist – das – da oben – das Haus des Richters?«

»Ja«, nickte der Polizeichef.

»Ganz schön hoch«, murmelte Mr. Ketchum.

Der Wagen schlängelte sich weiter in Serpentinen den Hang

hinauf. Mal war der Ozean zu sehen, dann wieder nur die Bergwand. Langsam näherten sie sich dem düsteren Haus auf der Höhe. Es war ein zweistöckiges, schmutzig=graues Gebäude, das von zwei Felszacken eingerahmt wurde. Es sieht so alt aus, wie der Ort Zachry ist, dachte Mr. Ketchum. Der Wagen bog in die letzte Serpentine. Das Haus entschwand seinen Blicken. Vor ihm lag wieder der Ozean.

Mr. Ketchum blickte auf seine Hände. Lag es am Licht, oder war es möglich, daß sie wirklich zitterten? Er wollte tief Luft holen, aber seine Kehle war schon wieder zugeschnürt. Er hustete krächzend.

Das ist zu blöd, dachte er, es besteht überhaupt keine Veranlassung, daß ich Angst habe. Zum Donnerwetter, warum sollte ein Richter nicht auf einem Berg wohnen? Er preßte energisch seine Handflächen zusammen. Völlig grundlos fiel ihm wieder das Spruchband in der Hauptstraße ein.

Mr. Ketchum konnte nicht verhindern, daß sein Atem schneller ging, als der Streifenwagen jetzt auf das Haus zufuhr. Seine Augen irrten umher. Ich will da nicht hinein, dachte er. Er verspürte das plötzliche Verlangen, aus dem Wagen zu springen und davonzulaufen.

Er schloß die Augen. Verdammt noch mal, beherrsche dich, sagte er zu sich selbst. Die Leute hier haben offensichtlich verschrobene Ansichten, aber wir leben immerhin in einem modernen Zeitalter. Man kann für alles eine Erklärung finden, und diese Menschen hier werden einen Grund für ihr seltsames Benehmen haben. Zachry ist eine enge, unbedeutende Stadt mit einem miserablen Klima. Was passiert hier schon? Wenn sie dann einen Verkehrssünder, und noch dazu einen, der aus einer Großstadt kommt, schnappen, dann wollen sie eben ihre Macht und Wichtigkeit unter Beweis stellen.

Das Auto hielt. Der Polizeichef stieß die Tür auf seiner Seite auf und stieg aus. Der ältliche Polizist beugte sich zurück und öffnete Mr. Ketchum die andere Tür. Der schwergewichtige Mann hatte ein taubes Gefühl in seinem rechten Bein und stützte sich beim Aussteigen schwer auf die Wagentür. Ärgerlich stampfte er mit dem Fuß auf den Boden.

»Eingeschlafen«, sagte er und zuckte hilflos die Achseln.

Seine beiden Begleiter gaben keinen Laut von sich. Mr. Ketchum blickte zu dem Haus und kniff die Augen zusammen. Hatte er sich getäuscht, oder hatte sich wirklich eine dunkelgrüne Gardine bewegt? Er zuckte zusammen und blieb wie erstarrt stehen. Dann berührte der Polizeichef seinen Arm und deutete auf das Haus.

Die drei Männer gingen auf den Eingang zu.

»Es kann sein, daß ich nicht genug Bargeld bei mir habe«, flüsterte Mr. Ketchum. »Meinen Sie, daß ich auch mit einem Scheck bezahlen kann?«

»Ja«, sagte der Polizeichef.

Sie gingen über die Veranda und blieben vor der Tür stehen. Der Polizist zog an einer riesigen Messingglocke, woraufhin im Innern des Hauses ein dünnes Läuten zu hören war. Mr. Ketchum lugte durch die Gardinen an der Tür. Er sah verschwommen einen Kleiderständer, der wie ein Skelett aussah. Mr. Ketchum trat von einem Fuß auf den anderen. Die Bohlen der Veranda krachten unter seinem Gewicht. Der Polizist klingelte zum zweitenmal.

»Vielleicht ist der Richter zu krank ...«, meinte Mr. Ketchum mit hoffnungsvollem Lächeln.

Keiner der Männer würdigte ihn eines Blickes. Mr. Ketchum fühlte, wie seine Muskeln zu zittern anfingen. Er warf einen Blick über die Schulter. Ob sie ihn wohl erwischen würden, wenn er davonliefe?

Dummes Zeug, meinte er zu sich selbst, du wirst jetzt deine Strafe zahlen und auf dem schnellsten Wege diesen Ort verlassen. Ganz einfach: Strafe zahlen und wegfahren!

Im Haus war jetzt Bewegung, leise Schritte näherten sich der Tür. Mit bangem Gefühl starrte Mr. Ketchum durch die Gardine und erkannte den Schatten einer großen Frau.

Die Tür öffnete sich. Die Frau war sehr dünn und trug ein knöchellanges, schwarzes Kleid mit einer weißen ovalen Brosche am Hals. Ihr Gesicht war dunkelhäutig und von tiefen Furchen durchzogen. Mr. Ketchum nahm automatisch seinen Hut ab.

»Kommen Sie herein«, sagte die Frau.

Als sie in die Diele traten, deutete die Frau auf den skelettähnlichen Mantelständer. »Sie können Ihren Hut hier ablegen.«

Mr. Ketchum stülpte seinen Hut über einen der drei dunklen Haken, die wie Arme aussahen. Während er das tat, fiel sein Blick auf ein großes Gemälde, das in der Diele am Fuße der Treppe hing.

Er öffnete den Mund, um eine Frage zu stellen, als er die Stimme der Frau hörte. »Hier entlang.«

Als sie an dem Bild vorbeikamen, starrte Mr. Ketchum es entgeistert an.

»Wer ist diese Frau?« fragte er beklommen. »Hatte sie etwas mit Noah Zachry zu tun?«

»Seine Frau«, sagte Shipley.

»Aber sie –«

Als Mr. Ketchum merkte, daß seine Stimme nur ein heiseres Krächzen war, brach er mitten im Satz ab. Er ärgerte sich über sich selbst und räusperte sich ein paarmal geräuschvoll. Aber die Unruhe blieb. Das war Zachrys – Frau?

»Warten Sie hier«, sagte die Frau und öffnete eine Tür. Der unförmige Mann betrat den Raum. Als er sich umdrehte, um etwas zu dem Polizeichef zu sagen, sah er gerade noch, wie sich die Tür von draußen schloß.

»Moment! Moment!« Er eilte zur Tür und legte seine Hand um den Griff. Er ließ sich nicht drehen!

Er runzelte die Stirn. Sein Herz begann wie rasend zu schlagen, aber er ignorierte es. »Was geht hier vor?« brüllte er. Seine Worte hallten und wurden von den Wänden zurückgeworfen. Mr. Ketchum drehte sich erstaunt um. Das Zimmer war völlig leer. Ein kahler, viereckiger Raum.

Als er sich wieder zur Tür wandte, bewegten sich seine dicken Lippen lautlos, als suche er nach den passenden Worten.

»Sehr lustig«, sagte er laut und drehte mit aller Kraft an dem Türgriff. »Wirklich, ein guter Witz!« Mein Gott, war er wütend. »Ich habe selten so gelacht!« Er verfiel in ein hysterisches Gelächter, bis er hinter sich ein Geräusch hörte. Er wirbelte herum, so schnell es seine Fülle zuließ, und das Lachen fror auf seinem Gesicht ein.

Der Raum war unverändert leer. Was war das für ein Geräusch? Er lauschte angestrengt. Es klang, als wäre ein Wasserhahn voll aufgedreht.

»He«, murmelte er unwillkürlich und drehte sich wieder zur

Tür um. »Heeeh!« brüllte er dann. »Stellen Sie sofort das Ding ab. Was bilden Sie sich eigentlich ein, wer Sie sind!«

Als das Geräusch hinter ihm stärker wurde, drehte er sich wieder um und fühlte, wie seine Knie weich wurden. Er fuhr sich mit der Hand über die schweißbedeckte Stirn. Es war reichlich warm in dem Raum.

»Gut, gut«, sagte er, »das war ein sehr komischer Scherz, aber –«

Er konnte nicht weitersprechen, seine Stimme brach und ging in ein hilfloses, haltloses Schluchzen über. Er starrte mit glasigen Augen vor sich hin und wankte. Als er gegen die Tür taumelte, streckte er automatisch die Hand aus, um sich zu stützen. Die Hand zuckte zurück.

Die Tür war heiß.

Mr. Ketchum starrte ungläubig auf seine Hand.

Das war nicht möglich! Das war ein Scherz! Das war ihre abwegige Vorstellung von einem Witz! Es mußte so sein! Sie führten hier ein Theaterstück auf, in dem er die Hauptrolle spielte. Das Stück hieß sicher ›Wie bringt man einen Großstadtbullen aus der Ruhe‹.

»Wie Sie wollen!« schrie er. »Wie Sie wollen! Ich finde es zum Schreien komisch!« Seine Stimme überschlug sich. »Aber jetzt lassen Sie mich sofort hier heraus! Oder es passiert was!«

Er hämmerte mit den Fäusten gegen die Tür. Dann gab er es auf und ließ die Arme schlaff herunterhängen.

Es wurde immer heißer in dem Raum. Es war fast so heiß wie in einem –

Mr. Ketchum fiel die Kinnlade herunter. Er stand versteinert da.

Seine Gedanken gingen im Kreise.

Die Fragen, die sie ihm gestellt hatten. Die schlotternden Anzüge, die sie alle trugen. Das reichhaltige Frühstück, das sie ihm gegeben hatten. Die ausgestorbenen Straßen. Ihre dunkelbraune Hautfarbe, die an Wilde erinnerte. Die Art, wie sie ihn angesehen hatten. Das Bild von Noah Zachrys Frau – *eine Eingeborene mit spitzgefeilten Zähnen!* Und dann das Spruchband:

»Heute großes Festessen! – Fleisch am Spieß!«

Mr. Ketchum brüllte auf. Er bearbeitete die Tür mit Fäusten

und Füßen. Er warf seinen wuchtigen Körper dagegen. Seine Angstschreie gellten durch das Haus:

»Laßt mich raus! Laßt mich raus! LASST ... MICH ... RAUS!«

Er brüllte wie am Spieß.

Das Eigenartigste an der Sache war, daß er einfach nicht glauben wollte, daß es wirklich passierte.

Ray Bradbury

Oktober=Spiele

Die Geschichten von mir, die im Fernsehen nicht gebracht werden können, würden ein Buch füllen. Können Sie sich vorstellen, aus welchem Grunde die folgende Geschichte zu hart für Fernsehzuschauer sein soll? Ich kann es.

Er legte den Revolver zurück und schob die Schublade energisch zu.

Nein, so nicht, dachte er. Louise würde nicht genug leiden. Sie wäre auf der Stelle tot — und würde nicht leiden. Es ginge viel zu schnell. Ihr Schmerz muß anhalten! Sie muß leiden, leiden, leiden ...

Aber wie könnte er ihren Schmerz verlängern? Und vor allen Dingen: Was sollte er ihr überhaupt antun?

Nun ja, es würde ihm schon etwas einfallen.

Der Mann trat vor den Spiegel im Schlafzimmer und legte bedächtig die Manschettenknöpfe an. Er hörte die Kinder draußen auf der Straße vor dem einstöckigen Haus hin und her huschen. Dem Geräusch nach hätten es auch Mäuse sein können oder die vielen Blätter, die der Wind vor sich hertrieb.

Bei diesem huschenden Geräusch der Kinder wußte man, welchen Kalendertag des Jahres man schrieb; an ihrem Kreischen erkannte man, was heute für ein Abend war. Das Jahr war weit fortgeschritten. Es war Oktober. Der letzte Tag im Oktober. Es war der Abend vor Allerheiligen; das Fest, an dem die Kinder gespenstisch, furchterregende Masken trugen, an dem ausgehöhlte Kürbisse, mit einer Kerze im Inneren, an den Fenstern hingen, an dem sich der Wachsgeruch der tropfenden Kerzen mit dem Honiggeruch der Süßigkeiten mischte, an dem Schauergeschichten die Runde machten.

Der Mann vor dem Spiegel richtete seine Krawatte und dachte nach. Schon seit langer Zeit war in seinem Leben etwas nicht in Ordnung. Der Monat Oktober machte die Sache nicht besser, er ließ alles noch trostloser erscheinen. Der Mann nickte seinem Spiegelbild langsam und ausdruckslos zu: Wenn jetzt Frühling wäre, bestünde die Hoffnung, daß sich vielleicht alles doch noch zum Guten wenden würde. Aber heute war kein Frühlingstag mit linden Lüften und frischem Grün, heute war der Abend vor Allerheiligen, und das Jahr neigte sich dem Ende zu!

Der Mann hörte trippelnde Schritte in der Diele. »Das ist Marion, meine kleine Marion«, sagte er zu sich selbst.

Seine achtjährige Tochter war ein stilles Kind. Ihre leuchtenden Augen und ihr kleiner, neugieriger Mund sprachen eine deutlichere Sprache, als es Worte vermocht hätten. Heute war sie lebhafter als sonst. Mal war sie im Haus, mal draußen auf der Straße. Sie hatte verschiedene Masken ausprobiert und ihren Vater bei jeder gefragt, welche nun am furchterregendsten aussähe. Ihre Wahl war schließlich auf eine Maske in der Form eines Totenschädels gefallen. Sie sah so »herrlich furchtbar« aus und sie würde die Leute damit so »prächtig erschrecken«.

Der Mann stand immer noch in Gedanken versunken vor dem Spiegel. Er hatte den Oktober noch nie leiden können. Er erinnerte sich, daß er als Kind vor vielen Jahren im Herbstlaub vor dem Haus seiner Großmutter gelegen hatte. Der Anblick der kahlen Bäume und das Fauchen des Windes hatten ihm ohne ersichtlichen Grund Tränen in die Augen getrieben. Und etwas von jener Traurigkeit kehrte in jedem Herbst wieder. Wenn dann der nächste Frühling kam, waren die trüben Gedanken verschwunden.

Heute war es anders. Er hatte das Gefühl, daß dieser Herbst Millionen Jahre dauern würde. Nie würde es einen neuen Frühling geben!

Er hatte den ganzen Abend über lautlos geweint. Seinem Gesicht war nichts anzusehen, keine Spur. Er verbarg seine Traurigkeit vor jedermann, aber er fühlte, daß sie nicht vorübergehen würde.

Das ganze Haus roch nach Sirup, Honig und Zuckergebäck.

Louise hatte Äpfel kandiert und riesige Mengen Punsch angesetzt. An den Fenstern hingen ausgehöhlte bemalte Kürbisse, die durch eine brennende Kerze im Inneren gespenstisch beleuchtet wurden. In den Türfüllungen hingen Äpfel, und Säcke lagen zum Sackhüpfen bereit.

In Kürze würde die Sintflut, die Invasion der Kinder, einbrechen und das wilde Sackhüpfen um die begehrten pendelnden Äpfel beginnen. Die Süßigkeiten würden in Windeseile verschwinden, und die Kinder würden schreien und kreischen, teils vor Entzücken, teils aus Angst. Der Grund ihres Gebrülls wäre ziemlich gleichgültig, denn die Lautstärke wäre in jedem Fall die gleiche.

Augenblicklich war es noch ruhig im Haus. Aber es war die Stille vor dem Sturm.

Louise hatte es heute wieder einmal meisterhaft verstanden, ständig in einem anderen Raum als er zu sein. Das war ihre feine Art, ihm beizubringen, daß sie für ihn keine Zeit hatte. Es sollte soviel heißen wie: ›Schau, Mich, ich habe schrecklich viel zu tun. Du siehst ja selbst, wie ich mich abhetzen muß. Immer, wenn du in ein Zimmer kommst, in dem ich gerade bin, erwartet mich die Arbeit im nächsten.‹

Eine Zeitlang hatte es ihm Spaß gemacht, ein kleines, kindisches Spiel mit ihr zu treiben. Wenn sie in der Küche war, ging er auch in die Küche und sagte: »Ich möchte ein Glas Wasser.« Während er dastand und trank, beugte sie sich über das blubbernde Karamel=Gebräu auf dem Herd und starrte in den Topf, als sei sie eine Giftmischerin aus der Steinzeit, die den kostbaren Inhalt ihres prähistorischen Tiegels im Auge behalten müsse. Dann sagte sie: »Oh, ich muß die Kerzen in den Kürbissen anstecken«, und hüpfte aus der Küche. Er folgte ihr lächelnd ins Wohnzimmer. »Hier muß doch irgendwo meine Pfeife liegen?« — »Ach du lieber Gott, der Apfelwein«, schrie sie und eilte ins Eßzimmer. »Ich werde mich darum kümmern«, sagte er sanft. Als er versuchte, ihr weiterhin auf den Fersen zu bleiben, verschwand sie im Badezimmer und verriegelte die Tür.

Als er vor der verschlossenen Tür stand, lachte er ohne Fröhlichkeit. Seine Pfeife war ihm ausgegangen, und er hatte das Spiel satt. Aber er blieb noch stur fünf Minuten stehen. Von drinnen war kein Laut zu hören. Plötzlich irritierte ihn der Ge=

danke, es könnte ihr Freude machen, daß er wie ein Trottel vor der verschlossenen Tür stand. Er trat zurück und ging dann fröhlich pfeifend die Treppe hinauf.

Am Ende der Treppe blieb er stehen. Nach einer Weile hörte er, wie der Riegel zurückgeschoben wurde, Louise aus dem Badezimmer kam und ihr geschäftiges Treiben wieder aufnahm. So mußten die Kreaturen im Dschungel nach einer vorüber=gegangenen Gefahr aus ihren Verstecken kriechen, ohne zu ahnen, daß das Raubtier schon zum nächsten Sprung ansetzte.

Als der Mann vor dem Spiegel jetzt sein dunkles Jackett an=zog, hörte er ein Rasseln vor der Tür. Marion kam herein. Sie glich mit ihrer Totenmaske einem wandelnden Skelett.

»Wie sehe ich aus, Papa?«

»Prächtig.«

Unter dem Rand der Maske quoll blondes Haar hervor, und aus den Augenhöhlen strahlten ihn blaue Augen an. Er seufzte. Marion und Louise waren die beiden stummen Ankläger seiner männlichen Kraft – und Gewalt. Welche Zauberkräfte waren während Louises Schwangerschaft am Werk gewesen, die das ungeborene Kind eines dunkelhaarigen, schwarzäugigen Man=nes wuschen und bleichten, bis die schwarze Farbe aus den Augen und von den Haaren verschwunden war? Als Marion zur Welt kam, war sie rotwangig, blond und blauäugig. Manchmal hatte er den Verdacht, daß Louise sich in seltsame Gedanken verstieg und Marion fast als das Produkt einer unbefleckten Empfängnis betrachtete, ein Geschenk des Himmels, das mit ihm nicht das geringste zu tun hatte. Als wollte sie ihn damit bestra=fen, hatte sie ein Kind zur Welt gebracht, das *ihrem* Ebenbild glich. Irgendwie hatte sie es geschafft, daß der Arzt nach der Geburt den Kopf schüttelte und sagte: »Es tut mir sehr leid, Mr. Wilder, aber ich muß Ihnen sagen, daß Ihre Frau keine Kinder mehr bekommen kann.«

»Und ich wollte so gern einen Jungen«, hatte Mich gesagt.

Das alles lag acht Jahre zurück. –

Fast hätte er sich zu Marion hinuntergebeugt, um sie in ihrer schauderhaften Verkleidung zu umarmen. Eine Welle des Mit=leids durchflutete ihn. Das Kind hatte nie Vaterliebe kennen=gelernt. Alles, was es kannte, waren die hektischen, besitz=ergreifenden Umarmungen seiner Mutter, die den Begriff Liebe nicht kannte. Aber der Mann unterdrückte seine aufkommende Rührung und verfiel in Selbstmitleid. Warum war er nicht fähig, das Beste aus der Sache zu machen? Warum konnte er Marion nicht um ihrer selbst willen lieben? Ohne Rücksicht darauf, daß das Kind weder dunkel noch ein Junge war und auch sonst keine Ähnlichkeit mit ihm hatte? Irgendwann mußte er den Anschluß verpaßt haben, denn seine Abwehr widersprach seiner eigentlichen Mentalität. Aber vielleicht lag es auch daran, daß Louise das Kind von Anfang an nicht haben wollte. Der Gedanke an den Geburtsvorgang flößte ihr Schrecken ein. Er hatte ihr das Kind aufgezwungen. Von diesem Tage an hatte Louise bis zur Geburt in einem anderen Teil des Hauses gelebt. Sie hatte erwartet, daß sie, zusammen mit dem unerwünschten Kind, sterben würde. Es war klar, daß Louise diesen Mann zu hassen begann, dessen Wunsch, einen Sohn zu haben, so stark war, daß er seine eigene Frau — nach ihrer Ansicht — aufs Totenbett schicken würde.

Louise überstand die Geburt natürlich glänzend. Als er sie im Krankenhaus besuchte, funkelten ihre Augen kalt und voller Triumph. Ich lebe, schienen sie zu sagen, und ich habe eine blonde Tochter! Schau nur! Als der Mann sich herabbeugte und die Hand zum Streicheln hob, drehte sich Louise zur Seite, als wollte sie das Neugeborene vor dem dunklen Ungeheuer beschützen. Es war eine Ironie des Schicksals — aber vielleicht verdiente er es nicht anders.

Jetzt war wieder Oktober. Seit jener Zeit waren mehrere Oktober ins Land gezogen, und Jahr für Jahr dachte er mit gleichem Schrecken an die langen Wintermonate mit dem unaufhörlichen Schneetreiben, in denen er mit seiner Frau und seinem Kind, die ihn beide nicht liebten, ans Haus gefesselt war. Seit acht Jahren lebten sie wie zum Tod Verurteilte, deren Urteil noch nicht vollstreckt war, zusammen. Im Frühling und Sommer war es erträglicher. Der Mann konnte das Haus verlassen, er konnte die Wälder durchstreifen oder zum Fischen gehen. Aber das war auch nur eine Notlösung und konnte seine Probleme nicht klären.

Aber mit den letzten Blättern im Winter schwanden auch diese Möglichkeiten, dem hoffnungslosen Alltag zu entfliehen. Gewiß, man konnte Leute einladen, aber wer verließ in dem ständigen Schneesturm schon gern sein Haus? Einmal war er schlau genug gewesen, im voraus eine Reise nach Florida zu buchen. Sie waren gen Süden gefahren, und er hatte sich im Freien bewegen können.

Aber jetzt, als der achte Winter bevorstand, wußte er, daß er diesem Zustand ein für allemal ein Ende bereiten mußte. Er konnte das alles nicht mehr ertragen. Er hatte jahrelang alles hinuntergeschluckt, aber heute war das Faß am Überlaufen. So ging es nicht weiter!

Der Mann hörte, wie unten an der Haustür Sturm geläutet wurde und wie Louise öffnete. Seine Tochter Marion rannte, ohne ein Wort zu sagen, nach unten, um die ersten Gäste zu begrüßen. Jauchzen und Gekreisch drang zu ihm.

Er ging zum Treppenabsatz. Louise war unten und nahm den Gästen die Mäntel ab. Sie war groß und schlank und so blond, daß man fast meinen konnte, die Haare seien weiß. Jetzt beugte sie sich lachend zu den andern Kindern.

Er zögerte. Wie konnte alles so weit kommen? dachte er. Lag es an den langen Jahren? An der Eintönigkeit ihres Lebens? Was war in ihrer Ehe schiefgelaufen? Ganz sicher lag es nicht nur an jener ungewollten Geburt. Sie war nur zum Symbol ihres spannungsgeladenen Zusammenlebens geworden. Er hatte auch Schuld. Seine früheren Eifersüchteleien, die Fehlschläge in seinem Beruf und der zermürbende Kleinkram des Alltags hatten ihn verändert. Und warum konnte er jetzt nicht einfach seinen Koffer packen und dem Haus den Rücken drehen?

Seine Muskeln strafften sich. O nein, das würde er erst dann tun, wenn es ihm gelungen war, Louise genauso zu verletzen wie sie ihn. Eine Scheidung kam nicht in Frage, denn damit würde er Louise nicht wehtun. Er würde nur dem grausamen Spiel ein Ende bereiten. Wenn er wüßte, daß Louise über eine Scheidung glücklich wäre, würde er aus purer Bosheit bis ans Ende seiner Tage mit ihr verheiratet bleiben. Aber das wäre nur eine indirekte Strafe. Er mußte Louise direkt verwunden. Eine Möglichkeit wäre vielleicht, ihr Marion auf gesetzliche Weise wegzunehmen. Er dachte scharf nach. Ja, natürlich, das würde sie am meisten schmerzen! Er mußte ihr Marion nehmen.

»Guten Abend, ihr da unten!« Er ging strahlend die Treppe hinunter.

Louise schaute nicht auf.
»Guten Abend, Mr. Wilder!«
Die Kinder jauchzten und umringten ihn.
Um zehn Uhr hatte die Klingel an der Haustür aufgehört zu läuten, die Kinder hatten vom Sackhüpfen rote Wangen bekommen, die hängenden Äpfel waren von den Türen verschwunden, leere Punschgläser klebten auf den Tischen, und überall lagen mit Karamel verschmierte Servietten herum. Da trat er, der Ehemann, in Aktion und riß Louise die Party aus den Händen. Er ging durch die Räume, unterhielt sich mit den zwanzig Kindern und zwölf Eltern und schenkte den würzigen Apfelwein ein, den er selbst zubereitet hatte. Er spielte mit den Kindern ›Stuhlrücken‹ und ›drei Fragen hinter der Tür‹ und all die anderen Gesellschaftsspiele, und das Haus war von fröhlichem Lärm erfüllt. Alle Lampen waren ausgeschaltet, es flackerten nur die Kerzen in den ausgehöhlten Kürbissen. »Husch, husch, mir nach«, sagte er plötzlich und bewegte sich auf Zehenspitzen in Richtung Keller.
Die Eltern, die sich ein wenig abseits der maskierten Meute befanden, nickten sich verständnisinnig zu. »Was haben Sie für einen prächtigen Mann«, sagten sie zu der ›glücklichen jungen Frau‹, »und wie gut er mit Kindern umgehen kann.«
Die Kinder versammelten sich kreischend um den Mann.
»Auf in den Keller! Zum Grab der Hexe!« rief er.
Die Kinder lärmten noch mehr. Der Mann tat so, als müßte er sich vor Angst schütteln. »Ihr, die ihr hier eintretet, laßt alle Hoffnung fahren!«
Die Eltern kicherten.
Die Kinder glitten nacheinander auf einer Rutschbahn, die der Mann aus einem alten Tisch angefertigt hatte, in den dunklen Keller. Jedem einzelnen Kind rief er dunkle Geisterbeschwörungen nach. Das kerzenbeleuchtete Haus war von lauten Wehklagen erfüllt. Alle redeten durcheinander. Nur Marion schwieg. Sie hatte während des ganzen Abends kaum einen Ton von sich gegeben. Sie war voller Freude und Aufregung, aber sie konnte es nicht so laut wie die anderen Kinder zum Ausdruck bringen. Diese kleine Närrin, dachte der Mann, sie bringt es nicht einmal auf ihrer eigenen Party fertig, sich mit den anderen Kindern laut zu freuen.

Jetzt kamen die Erwachsenen an die Reihe. Mit leichtem Widerstreben rutschten sie lachend und lärmend die kurze, abschüssige Bahn hinunter. Marion stand noch immer oben. Sie wollte alles genau sehen und als letzte rutschen. Louise verschwand ohne seine Hilfestellung im Keller. Er wollte ihr behilflich sein, aber ehe er sich bücken konnte, bewegte sie sich schon abwärts.

Der Mann und seine Tochter waren die letzten, die oben standen. Hier war es jetzt still, der ganze Lärm kam aus dem Keller.

»Jetzt kommen wir an die Reihe«, sagte er zu Marion und hob sie hoch.

Sie bildeten einen großen Kreis im Keller, der durch den Heizkessel angenehm warm war. Die Stühle standen an den Wänden entlang, die lärmenden Kinder saßen zwischen ihren Eltern, die sich ebenfalls laut unterhielten. Ganz am anderen Ende saß Louise. Mich blieb gleich bei der Treppe sitzen. Er spähte durch die Dunkelheit, aber es war nichts zu erkennen. Sie hatten sich alle im Finstern zu den Stühlen hingetastet. Das ganze Programm, das jetzt folgen sollte, mußte ohne Licht stattfinden. Mich war der Gesprächsführer. Ein Kind fing zu tollen an, der Wind heulte in den herbstlichen Straßen, und es roch nach feuchtem Zement.

»Jetzt ist es soweit!« schrie der Ehemann in die Dunkelheit hinein. »Ruhe!«

Es wurde mucksmäuschenstill.

Der Raum war pechschwarz. Nicht der leiseste Lichtschein drang hinein.

Blechgeschirr schepperte, eine Eisenkette rasselte.

»Die Hexe ist tot«, begann Mich das Spiel.

»Uuuiiihh!« schrien die Kinder.

»Die Hexe ist tot. Sie wurde umgebracht. Und hier ist das Messer, mit dem sie getötet wurde.«

Der Mann gab dem, der neben ihm saß, das Messer. Es machte, vom Kreischen der Kinder und Kichern der Erwachsenen begleitet, die Runde.

»Die Hexe ist tot, und das ist ihr Kopf«, flüsterte der Mann und reichte einen Gegenstand weiter.

»Oh, ich kenne dieses Spiel«, rief eine Kinderstimme freudig erregt aus der Dunkelheit. »Er nimmt eine Tontaube und reicht sie herum und sagt: das ist ihr Kopf. Und er nimmt einen Suppenknochen und sagt: das ist ihr Arm. Und er nimmt eine Murmel und sagt: das ist ihr Auge. Und er nimmt ein paar Reiskörner und sagt: das sind ihre Zähne. Ich weiß genau, wie das Spiel geht.«

»Du verdirbst alles«, maulte ein kleines Mädchen.

»Die Hexe will euch erschrecken, und das ist ihr Becken«, fuhr Mich fort.

»Uuuiiihh!«

Und so ging es weiter. Verschiedene undefinierbare Gegenstände machten die Runde, und jeder gab sie so rasch weiter, als hätte er eine heiße Pellkartoffel in der Hand.

Als ein schlüpfriges Etwas an der Reihe war, sprangen einige Kinder vor Entsetzen von ihren Stühlen und flüchteten in die Mitte des Kellers.

»So was Blödes«, spottete der Junge, der das Spiel schon kannte, »das sind doch nur die Innereien von einem Huhn.«

»Und das ist kein Scherz, das ist ihr Herz.«

Noch sechs oder sieben andere Dinge wurden durch die mit Lachen und Angst erfüllte Dunkelheit gereicht.

Nach einer Weile sagte Louise: »Marion, hab keine Angst, das ist nur ein Spiel.«

Marion sagte kein Wort.

»Marion?« fragte Louise. »Fürchtest du dich?«

Marion sagte immer noch nichts.

»Ist schon in Ordnung«, sagte Mich, »sie hat keine Angst.«

Das Spiel ging jauchzend und schreiend weiter.

Der Oktoberwind fegte um das Haus und riß die allerletzten Blätter von den Bäumen. Und er, der Ehemann, stand dicht bei der Kellertür, sagte seine Sprüche auf und reichte Gegenstände weiter.

»Marion?« kam Louises fragende Stimme wieder vom anderen Kellerende.

Es war eine lärmende Unterhaltung im Gange.

»Marion?« schrie Louise, und die Gespräche verstummten.

»Antworte sofort, Marion, ob du Angst hast.«

Marion antwortete nicht.

Und der Ehemann stand dicht bei der Kellertür.

»Marion, bist du hier?« Die Stimme der Frau überschlug sich fast.

Keine Antwort. Im Keller herrschte Stille.

»Wo bist du, Marion?« Louise zwang sich zur Ruhe.

»Sie war hier«, sagte ein Junge.

»Vielleicht ist sie 'raufgegangen?«

»Marion!«

Keine Antwort. Schweigen breitete sich aus.

Louise schrie laut: »Marion! Marion!«

»Schaltet doch das Licht an«, schlug einer der Erwachsenen vor.

Keiner rührte sich. Die Kinder und Erwachsenen saßen erstarrt da und hielten Teile der Hexe in ihren Händen.

»Nein!« Louise schnappte nach Luft. Man hörte, daß sie wie eine Wilde aufsprang. Ihr Stuhl scharrte über den Zementboden und fiel dann dröhnend um. »Nein! Schaltet nicht das Licht an! Schaltet nicht das Licht an! O Gott! Gott! Gott! Schaltet nicht das Licht an, bitte, schaltet das Licht nicht an. Nein!« Sie schrie, und ihre Stimme klang nicht mehr menschlich. Es rührte sich keiner; es konnte sich keiner rühren. Die Schreie der Frau schienen sie alle gelähmt zu haben. Totenstille breitete sich im Keller aus. Ihre Bewegungen waren mitten in diesem Oktober-Spiel eingefroren. Der Wind war zum Sturm angewachsen und heulte um das Haus; er rüttelte an den Türen und Fensterläden. Der Duft von Sirup, Äpfeln und Wachs drang in den Keller und vermischte sich mit dem Geruch, den die Gegenstände in ihren Händen aussandten.

Ein kleiner Junge begann zu weinen.

»Ich will nach oben gehen und sie suchen«, schluchzte er und floh aus der Dunkelheit. Er durchsuchte alle Zimmer und rannte viermal ums Haus. Er schrie: »Marion! Marion! Marion!« Er schrie so lange, bis er heiser wurde. Schließlich stieg er wieder langsam in den Keller hinunter und sagte in die Dunkelheit und das erwartungsvolle Schweigen hinein: »Ich kann sie nicht finden.«

Und dann schaltete irgendein Idiot das Licht an.

JOHN CORTEZ

Die ausgleichende Gerechtigkeit

Vor nicht langer Zeit fragte mich ein Verwandter, ob ich mit ihm auf die Jagd gehen wollte. Ich war schon im Begriff zuzusagen, als mir eine Zeile der Geschichte, die ich zufällig gerade las, sprunghaft ins Gedächtnis kam ». . . jeder will sein Wild selbst erlegen.«

Ihr Gesicht hatte von Natur aus einen traurigen Ausdruck. Die grauen Augen standen weit auseinander und nahmen häufig einen versonnenen Zug an. Es schien dann, als blicke sie durch die Menschen hindurch und schaue in eine ferne, verlorene Vergangenheit. Durch die hervortretenden Backenknochen fielen die Wangen hohl zurück und verliehen ihr ein leidendes Aussehen. Ihre schmalen, rosagefärbten Lippen wirkten immer ernst. Sie lächelte selten. Und doch war sie schön. Eine zarte, unvergeßliche Schönheit. Ich wußte es.

Sie war für eine Frau weder zu groß noch zu klein, und sie war unheimlich schlank. Wenn sie ihre Hände übereinanderlegte, konnte man ihre zarten Knochen unter der Haut sehen. Sie glich einer zerbrechlichen Porzellanfigur. Ihre Stimme klang wie das leise Echo eines verhallenden Geflüsters.

Er war ein roher Klotz. Wenn er sie in die Arme nahm, meinte man, er werde sie zerdrücken. Aber ich nehme an, daß er auch sanft und zärtlich sein konnte, denn ihr schienen seine Umarmungen zu gefallen. Das waren die wenigen Augenblicke, in denen ein leichtes Lächeln auf ihrem Gesicht erschien. Sie pflegte dann ihre Arme um seinen Hals zu legen und ihn zu küssen. Ich bemühte mich immer, nicht hinzuschauen. Aber egal, wie schnell ich meine Augen abwandte, ich behielt das Bild deutlich und anhaltend im Gedächtnis.

Sie hatte uns kommen hören und war vor die Tür getreten. Als er sie ohne Kopfbedeckung im Schnee stehen und winken sah, eilte er mit Riesenschritten auf sie zu. Ich blieb zurück und starrte intensiv auf den blauen See, der nach diesem ersten Schneefall im November noch nicht zugefroren war.

Ich hörte sie miteinander flüstern. Ich stellte mir vor, daß es zärtliche Liebesworte waren, und zwang mich, weder hinzuschauen noch zu lauschen.

Was ist denn in dich gefahren, Ludlow? fragte ich mich. Warum stört es dich, wenn sich die beiden umarmen? Zwischen ihr und mir ist nichts – nicht einmal die leiseste Andeutung. Wahrscheinlich hat sie kaum zur Kenntnis genommen, daß ich existiere. Außerdem ist sie verheiratet. Und er ist ein prächtiger Bursche.

Ich war ärgerlich über mich selbst und drehte mich ruckartig um. Ich hörte, wie sie hauchte: »Bitte – Elroy!« und sich sanft aus seiner Umarmung frei machte.

Dann trat ich auf die Stufen, die sie gerade saubergewischt hatte, und trampelte den Schnee von meinen Stiefeln.

Gedankenvoll schaute ich nach Süden und Westen. So weit das Auge reichte, ragte Immergrün aus der dünnen Schneedecke hervor. Und über allem spannte sich ein bleierner Himmel. ›Das weite Land‹ nennen wir diese endlose Wildnis, dachte ich und zuckte die Achseln.

Wie aus weiter Ferne drang Endicotts Stimme zu mir: »Wollen Sie hier Wurzeln schlagen, Ludlow?«

Ich folgte ihnen ins Haus und schloß die Tür hinter mir. Endicott hatte seine rote Jacke, die er bei der Jagd trug, abgeworfen. Sie nahm sie und hängte sie an den Kleiderständer. Er holte tief Luft, und sein gewaltiger Brustkasten dehnte sich.

»Der Kaffeeduft ist prächtig, Rosemary«, sagte er. »Sei ein Schatz und stell den Whisky daneben. Mir ist nach einer starken Mischung zumute.«

Ich ging in meinen Verschlag, der durch einen Vorhang vom Wohnzimmer der beiden getrennt war. Nachdem ich meine Büchse entladen hatte, stellte ich sie in die Ecke. Ich ließ meine Jacke und Mütze auf das Bett fallen und setzte mich auf die Bettkante. Ich preßte meine Hände zwischen die Schenkel und starrte auf den Boden. Ich weiß nicht, wie lange ich so dagesessen habe.

Endicotts Stimme brachte mich in die Gegenwart zurück. »Kaffee, Ludlow?« fragte er hinter dem Vorhang.

»Ich komme sofort«, antwortete ich.

Er reichte mir eine Tasse, die zur Hälfte mit Kaffee gefüllt war, und hob die Whiskyflasche. »Nein danke«, beeilte ich mich zu sagen. »Ich möchte nur Kaffee.«

Er hob die Brauen. »Sonst mochten Sie die Mischung doch sehr gern. Was ist mit Ihnen los?«

»Ich habe heute kein Verlangen nach Alkohol.«

Er zuckte die Achseln. »Wie Sie wollen.«

Ich fühlte, daß sie mich – wie schon so manches Mal – aufmerksam ansah, aber ich tat so, als bemerkte ich es nicht. Das hinderte sie jedoch nicht, mich weiterhin anzublicken. Schließlich fragte sie: »Hatten Sie heute auch kein Glück, Sam?«

Ich schüttelte den Kopf.

»Ich weiß nicht, ob ich darüber froh oder traurig sein soll«, sagte sie. »Diese armen Rehe und Hirsche tun niemandem etwas zuleide! Warum müßt ihr sie umbringen?«

»Hören Sie nicht hin, Ludlow«, lachte Endicott. »Ich habe noch nie ein weichherzigeres Wesen gesehen. Sie würde bestimmt um eine Wanze am Boden herumlaufen, anstatt sie totzutreten.« Sein dröhnendes Lachen hallte von den Wänden wider. »Du mußt etwas robuster werden, Schatz.«

»Das sagst du so leicht, Elroy«, murmelte sie. »Du weißt ganz genau, daß ich es nicht ertragen kann, wenn irgendein Lebewesen getötet wird.«

Endicotts polterndes Lachen hörte nicht auf. »Du wirst dich schon daran gewöhnen. Du brauchst nur einmal mitzukommen und mir zuzusehen, und du bist kuriert.«

Sie schauderte. »Elroy, du weißt genau, daß ich den Anblick nicht ertragen könnte. Ich wäre eine Woche lang krank. Ich hoffe, daß du nicht einmal auf ein Tier geschossen hast.«

Er war ein großer, starker Mann, und ich glaube, daß er, wie so viele große, starke Männer, eine Schwäche für Frauen hatte, die entweder klein waren oder hilflos erschienen. Wenn das zutraf, mußten die beiden eigentlich ein ideales Paar abgeben. Aber es kam etwas hinzu, was mich irritierte: Er war viel älter als sie. Ich würde sagen, er war mindestens fünfzehn bis zwanzig Jahre älter als sie.

Ich riß mich zusammen. Zum Donnerwetter, was ging mich der Altersunterschied an? Interessierte ich mich dafür, weil sie mich ab und zu ansah? Was sollte das alles? Ich wußte, daß er verrückt nach ihr war.

Er hatte sie gebeten, das Essen vorzubereiten, aber er fummelte am längsten in der Küche herum. »Diese Chance kommt nie wieder, Ludlow«, sagte er augenzwinkernd und grinste. »Zu Hause darf ich die Küche nicht einmal betreten.«

Als wir gegessen hatten, spülte er das Geschirr, und sie trocknete ab. Ich verzog mich in meinen Verschlag. Ich legte mich mit einer Zeitschrift auf mein kühles Laken, aber ich konnte nicht lesen. Ich hörte ihre leise Unterhaltung, sein kurzes, zufriedenes Auflachen; dann klang es, als würden sie sich rumbalgen. Ich wälzte mich von einer Seite auf die andere und versuchte, keins der Geräusche in mich aufzunehmen.

Ich starrte zur Decke und dachte zurück, wie es dazu gekommen war, daß ich mich in diesem Haus befand und in diesem Bett lag — —

Als er mir für die neun Tage der Jagdsaison außer dem üblichen Gehalt für Treiber freie Kost und Logis und darüber hinaus hundert Dollar als Spesen angeboten hatte, war es mir klar, was ich für einen Mann vor mir hatte. Er mußte ein reicher Knabe aus den Südstaaten sein, dem entweder eine kleine Fabrik oder ein Architektenbüro oder ein Hotel gehörte. Ich habe nie den Versuch gemacht herauszufinden, um was es sich handelte. Er hatte das Geld im voraus gezahlt, und das war das einzige, was mich interessierte. Als er mir sagte, daß seine Frau mit in die Jagdhütte kommen würde, hatte ich nichts einzuwenden. Ich verschwendete kaum einen Gedanken an sie; seine Frau würde eine behäbige Matrone in dem Alter sein, in dem ein weibliches Wesen jenseits von Gut und Böse war. Wie sehr hatte ich mich geirrt!

Die Zeitschrift lag achtlos am Boden. Ich starrte weiter ins Nichts. Da schob sie den Vorhang beiseite und stand vor mir.

»Störe ich?« Ihre leise Stimme klang fast schüchtern.

»Keine Spur«, sagte ich forsch und schwang meine Beine vom

Bett. Ich saß aufrecht auf dem Bettrand und schaute sie fragend an.

Sie starrte auf meinen Karabiner und meine Büchse, die beide an der Wand lehnten. Sie hob ihre schmale Hand und deutete auf die beiden Waffen. »Wieso haben Sie zwei Gewehre?« fragte sie.

Mein Herz schlug wie rasend, aber ich zwang mich zur Vernunft. Sie langweilt sich, sagte ich mir, das ist alles. Sie war den ganzen Tag allein und sucht Unterhaltung. Wahrscheinlich ist sie daran gewöhnt, in Nachtklubs und Theater zu gehen und kommt sich hier in der Wildnis, fern von all diesen Dingen, eingesperrt vor.

Betont lässig sagte ich: »Ich bin der Mann mit den zwei Gewehren. Das ist bei mir wie im Wildwestfilm, müssen Sie wissen. Ich brauche für jede Hand eins.«

Sie schaute mich einen Augenblick lang scharf an, dann sagte sie mit der Andeutung eines Lächelns vorwurfsvoll: »Sie machen sich über mich lustig. Mich interessiert das wirklich. Sind das zwei verschiedene Gewehre?«

Ich ging hinüber und nahm eins in die Hand. »Das ist eine Büchse«, sagte ich, »und das« – ich deutete auf das andere – »ist ein Karabiner. Der ist etwas kürzer und leichter als die Büchse, und man kann besser mit ihm hantieren, wenn man den ganzen Tag über im Dickicht ist. Im Kaliber ist kein Unterschied. Beides sind dreißiger.«

»Und wie funktioniert so ein Ding?«

Ich starrte sie verblüfft an.

Ihre bleichen Wangen röteten sich ein wenig. »Ich – ich möchte es wirklich gern wissen. Wegen Elroy. Weil ich weiß, daß er so leidenschaftlich gern auf die Jagd geht, möchte ich ganz einfach mitreden können. Ich versuche immer, seine Interessen zu teilen. Aber wenn ich ihn danach fragen würde, nähme er mich nicht ernst. Ich habe schon häufig erlebt, daß er sich über mich lustig macht, wenn ich ihn nach gewissen Dingen frage – und das macht mich nervös. Würden Sie mir zeigen, wie man mit einem Gewehr umgeht?«

Ich starrte sie immer noch wortlos an, bis ich merkte, daß ihre Augen flackerten und ihr Blick unruhig wurde. Als ich einen verdächtigen feuchten Schimmer wahrnahm, begann ich hastig mit der Erklärung.

Ich hob das Gewehr hoch und sagte: »Wenn dieser Hahn, so wie jetzt, umgelegt ist, dann ist das Gewehr gesichert. Wenn Sie schießen wollen, müssen Sie ihn mit dem Daumen – so wie ich es jetzt tue – spannen. Dann ziehen Sie den Abzug mit dem Zeigefinger bis zum Druckpunkt. Sobald Sie weiter ziehen, geht der Schuß los. Um die leere Hülse durch eine neue zu ersetzen, bewegen Sie diesen Hebel hier. Dann ist die Waffe wieder schußbereit. Wollen Sie nicht mehr schießen, dann bringen Sie den Hahn wieder in die Ausgangsstellung und sichern damit das Gewehr. Haben Sie das verstanden?«

Sie nickte.

»Hier –«, ich hielt ihr das Gewehr entgegen. »Versuchen Sie es selber, keine Bange, es ist nicht geladen.«

Ihre Augen weiteten sich vor Entsetzen, als hätte ich eine giftige Schlange in der Hand. »O nein, Sam«, sagte sie, »ich bringe es nicht fertig, ein Gewehr in die Hand zu nehmen.«

»Können Sie mir sagen, wie Sie dann schießen lernen wollen?«

»Lassen Sie mir bitte etwas Zeit, Sam. Wenn ich morgen allein bin, werde ich es ausprobieren. Können Sie das eine Gewehr ungeladen hier lassen? Wenn ich beim Üben allein bin, kann sich keiner über mich lustig machen. Meine Einstellung mag Ihnen kindisch vorkommen – aber das kann ich nicht ändern. So bin ich nun einmal. Ich möchte Elroy so gerne eine Freude machen und schießen lernen. Sie werden es mir beibringen, nicht wahr?«

Mich überkam kurz eine seltsame, nie gekannte Einsamkeit und eine hoffnungslose Sehnsucht. »Ja, Mrs. Endicott«, sagte ich, »ich werde es Ihnen beibringen.«

Der Hirsch trat aus dem Dickicht und blieb stehen. Als ich abdrücken wollte, zögerte ich und ließ dann das Gewehr sinken. Wenn der Hirsch seinen Weg über die Anhöhe nahm, mußte er direkt in das Schußfeld von Mr. Endicott kommen. Und dafür wurde ich ja schließlich bezahlt. Ich überließ also den Hirsch Mr. Endicott, aber ich war sauer, denn jeder will sein Wild selbst erlegen.

Der Hirsch war ein stattlicher Bursche mit einem ansehnlichen

Geweih; aber er war zu weit entfernt, um die Enden zählen zu können. Sein Fleisch war aller Wahrscheinlichkeit nach zäh wie Schuhleder, aber sein Geweih würde eine bemerkenswerte Jagdtrophäe abgeben. Automatisch umklammerten meine Finger wieder den Abzug. Wenn das Tier nicht bald verschwände, wäre es mit meiner Selbstbeherrschung vorbei, und ich würde schießen.

Langsam kam Bewegung in den Hirsch, und er erklomm die Anhöhe. Ohne Eile schlenderte ich auf den Hügel zu. Sekundenlang sah ich die Silhouette des Hirsches gegen den grauen Himmel; dann war er meinen Blicken entschwunden.

Ich wartete. Ein Schuß zerriß die Stille. Das Geräusch ging an mir vorbei, über die Immergrün-Pflanzen hinweg und verebbte in der endlosen Weite. Kurz hintereinander folgten zwei weitere Schüsse.

Ein Widerstreben, das ich nicht verstand, packte mich, als ich den Hügel hinaufstieg. Wie kam es, daß meine Nerven bis zum Äußersten angespannt waren? Lag es am Wetter? Bedrückten mich die düsteren, tiefhängenden Wolken und die ersten Anzeichen des beginnenden Winters? War es das Schweigen, das über der Weite lag und mich an die ewige Ruhe einer Gruft erinnerte? Dann tauchte ihr Bild plötzlich vor mir auf, und ich wußte, woran es lag.

Als ich die Höhe des Gipfels erreicht hatte, blieb ich stehen. Ich sah ihn unter mir. Er saß auf einem Baumstumpf und hatte mir den Rücken zugekehrt. Ich starrte auf ihn, ohne mich von der Stelle zu rühren.

Irgend etwas geschah in mir. Ein Funke entsprang der Tiefe meiner Seele. Ich wußte nicht, was es war, und lauschte in mich hinein. Der Funke entfachte ein Feuer, das mich zu überwältigen drohte. Ich fing mich im letzten Moment und verdammte den Gedanken zurück in die Abgründe meiner Seele, denen er entsprungen war. Als ich mein Gewehr von der Schulter nahm, kam mir zum Bewußtsein, daß ich am ganzen Körper zitterte.

Mein Atem ging schwer, und ich war unfähig, mich zu rühren. Als ich mich wieder in der Gewalt hatte, ging ich langsam auf ihn zu. Er hörte mich kommen, nahm das Gewehr vom Boden und erhob sich. Sein Gesicht drückte höchstes Mißbehagen aus.

»Ich habe ihn verfehlt«, sagte er grimmig. »Fabelhaft, drei

Schüsse und alle daneben! Ich nehme an, daß Sie es gehört haben.«

Ich sagte nichts.

»Er kam im Zeitlupentempo über den Hügel«, fuhr Endicott mürrisch fort. »Eine bessere Zielscheibe kann man sich überhaupt nicht vorstellen. Ich habe ihn beim ersten Schuß nicht getroffen, und er hat natürlich das Weite gesucht. Ich habe ihm auf der Flucht noch zwei Schüsse nachgejagt; aber was kann man von mir erwarten, wenn ich nicht einmal ein Standbild treffe?« Er schaute mich erstaunt an. »Hören Sie überhaupt zu, Ludlow?«

Ich befreite mich mühsam von meinen ungeheuerlichen Gedanken und meinem kalten Entsetzen über mich selbst. Bis zum heutigen Tage hatte ich nicht gewußt, welche Abgründe in meiner Seele existierten.

»Ich habe die Schüsse gehört«, sagte ich hölzern. »Pech. Da kann man nichts machen. Bei der nächsten Gelegenheit werden Sie mehr Glück haben.«

Er schaute mich immer noch an. »Sie sehen nicht gerade frisch aus.«

Während ich meinen Blick auf die Tannen richtete, die in dichtem Kranz die Lichtung umgaben, meinte ich leichthin: »Mir fehlt nichts.«

»Aber Sie machen einen erschöpften Eindruck«, beharrte er. »Um ehrlich zu sein, bin ich auch recht müde. Was halten Sie davon, für heute Schluß zu machen?«

Mir gefiel der Gedanke gar nicht, jetzt in die Blockhütte zurückkehren zu müssen, wo ich sie sehen und ihre Stimme hören würde. Ich schloß die Augen und glaubte die Blicke zu spüren, die sie mir hin und wieder zuwarf. Aber was sollte ich machen? Ich konnte schlecht weglaufen.

So sagte ich: »Gut, Endicott, kehren wir um.«

An diesem Abend machte ich nicht einmal den Versuch, zu lesen. Ich lag auf dem Bett und hatte die Hände unter meinem Kopf verschränkt. Mit geschlossenen Augen versuchte ich, an alles mögliche zu denken, um einerseits meine Gedanken von der Erinnerung an den heutigen Zwischenfall auf der Jagd fernzuhalten und andererseits nicht ständig auf die Stimmen hinter dem Vorhang zu lauschen.

Sie spielten ›Cribbage‹, und sobald sie gute Karten hatte

und am Gewinnen war, schrie sie vor Entzücken auf. Er grollte, aber man konnte heraushören, daß es ein gutmütiges Brummen war und er an sich glücklich war, wenn sie gewann. Wahrscheinlich ließ er sie sogar absichtlich gewinnen. Das war etwas, was selbst ich nicht für sie tun würde.

Ich hörte sie nicht hereinkommen. Ich hatte die Augen geschlossen. Zuerst erreichte mich ihr Duft, und dann empfand ich das Bewußtsein ihrer Gegenwart. Als ich die Augen öffnete, schaute sie mich mit ihrem ernsten, versonnenen Blick an. Im Lampenlicht schimmerten die Enden ihrer schwarzen Haare goldbraun.

Endicott hantierte in einem anderen Zimmer herum. Das Radio dröhnte plötzlich los. Obwohl ich eine Abneigung gegen laute Radios habe, war mir die Lautstärke jetzt sehr recht.

»Fühlen Sie sich nicht wohl, Sam?« fragte sie, und ich hatte das Gefühl, daß Sorge in ihrer Stimme mitschwang. Aber wahrscheinlich bildete ich mir das nur ein.

Ich saß auf der Bettkante. »Danke für die Nachfrage. Alles in bester Ordnung.«

»Aber Sie haben heute abend kaum etwas gegessen.«

»Ich hatte keinen großen Hunger.«

»Soll ich Ihnen noch irgend etwas zurechtmachen?«

»Nein danke«, sagte ich. »Machen Sie sich keine Umstände.«

»Ich würde Ihnen gerne noch etwas zubereiten.«

Um das Thema zu wechseln, fragte ich: »Was macht der Karabiner? Haben Sie ihn heute ausprobiert? Er ist so leicht und wäre bestimmt das Richtige für Sie.«

Ein Schauder überlief sie. »Ich habe es versucht. Ich habe es wirklich versucht, Sam. Ich habe ihn wirklich in die Hände genommen – aber das war auch alles. Ich habe ihn gleich wieder in die Ecke gestellt. Schon bei dem Gedanken an Gewehre bekomme ich eine Gänsehaut. Das war schon immer so. Ich kann mir nicht vorstellen, daß ich je in der Lage sein werde, mit einem zu schießen.«

»Es ist wirklich nichts dabei«, murmelte ich. »Ich weiß gar nicht, warum Sie so ängstlich sind.«

»Aber ich *bin* es«, sagte sie und schauderte wieder. Sie preßte die Hände zusammen. Ihre Augen weiteten sich und schienen wieder in jene unbekannten Welten zu blicken, die nur sie sehen konnte. »Freud hätte sicher eine Erklärung dafür. Vielleicht ist in meiner Kindheit irgend etwas Schreckliches passiert, an das ich mich nicht mehr erinnern kann, das aber diese Komplexe bei mir hervorgerufen hat.« Sie stieß ein schrilles Lachen aus, wobei ihre Lippen nervös zitterten. »Vielleicht sollte ich einmal einen Psychiater aufsuchen ... Soll ich Ihnen bestimmt nichts mehr zu essen bringen?«

»Nein, wirklich nicht. Vielen Dank.«

»Dann gute Nacht, Sam.«

»Gute Nacht, Mrs. Endicott.«

Irgend etwas störte mich an den Spuren vom ersten Moment an, aber ich konnte nicht sagen, was es war. Außerdem hatte ich meinen Kopf voll und schenkte den Spuren keine besondere Beachtung. Ich war voller Hoffnungslosigkeit, Enttäuschung und Abscheu vor mir selbst. Der Gedanke an das Böse, das in mir schlummerte und von dessen Existenz ich vorher nichts gewußt hatte, versetzte mich in eine Panikstimmung, der ich nicht entrinnen konnte.

Ich hatte Endicott in einer Lichtung zurückgelassen und durchstreifte den angrenzenden Wald. Ich war auf der Suche nach einem Wild, das ich ihm zutreiben konnte. Aber ich konnte heute keine einzige Fährte entdecken. Nur die Wildnis war da, grün und düster und furchterregend in ihrer tödlichen Stille.

Ich kehrte schließlich zur Lichtung zurück und erklomm langsam den Hügel. Die Erinnerung an alle Einzelheiten des gestrigen Tages überwältigte mich. Ich durchlebte alles nocheinmal: die teuflische Eingebung, die über mich gekommen war, das Gefühl, daß das Gewehr über meiner Schulter zu einer Zentnerlast wurde und der Anblick von Endicotts Rücken. Während ich in diese gräßlichen Gedanken versunken war, entdeckte ich die Spur. Sie lief parallel zu meiner mit dem einzigen Unterschied, daß sie in der Richtung entgegengesetzt war. Kurz vor der Kuppe des Hügels bog sie nach links ab und verlor sich im Gestrüpp.

Er saß auf demselben Baumstumpf wie gestern und rauchte eine Zigarette. Das Gewehr ruhte auf seinen Knien. Ich zwang mich, nicht stehen zu bleiben, sondern meinen Weg unbeirrt fortzusetzen. Das war vielleicht gestern mein Fehler gewesen:

das Anhalten und das Nachdenken und dann plötzlich ihr Bild vor Augen zu sehen.

Ich lief so geräuschvoll, daß er mich hören mußte. Er erhob sich und wartete auf mich. Ich hatte den Eindruck, daß mich seine Augen prüfend anschauten. Wußte er etwas? War ihm wegen gestern ein Verdacht gekommen?

Er warf einen Blick auf seine Armbanduhr. »Sie sind lange ausgeblieben«, sagte er, und die Besorgnis in seiner Stimme klang echt. »Ich habe schon angefangen, mir Ihretwegen Gedanken zu machen.«

»Wieso?« fragte ich schroffer als beabsichtigt.

Sein Blick wurde nachdenklich. »Ich kann es nicht sagen. Sie scheinen seit einigen Tagen nicht mehr der alte zu sein. Was immer es ist — wenn Sie mögen, können wir für ein oder zwei Tage mit dem Jagen aussetzen.«

Ich atmete erleichtert auf. Ich hatte befürchtet, daß er sich über etwas anderes Gedanken gemacht hatte. »Es ist alles in Ordnung«, murmelte ich.

»Und wenn ich diesmal keinen Bock erwische, geht die Welt auch nicht unter. Ich kann ja im nächsten Jahr wieder hierherkommen, nicht wahr? Bleiben Sie ein wenig im Haus — zumindest morgen. Dann können wir weitersehen. Ich werde dicht um die Blockhütte herum jagen oder aber in unmittelbarer Nähe der Straße. Ich gehe schon nicht verloren! Sie brauchen sich nicht völlig abzurackern, nur weil ich Sie angestellt habe. Ihr Geld steht Ihnen in jedem Fall zu.«

Am liebsten hätte ich ihn angeschrien: Verdammt noch mal, warum müssen Sie so ein anständiger Bursche sein! Laut sagte ich: »Mir geht es großartig. Ich habe mich in meinem ganzen Leben noch nie wohler gefühlt! Lassen Sie uns zurückgehen und einen trinken.«

Sie saß zwischen uns und baumelte mit den Beinen. Die Hände lagen in ihrem Schoß. Das schwache Licht, das vom Armaturenbrett auf ihr Gesicht fiel, ließ es noch blasser als gewöhnlich erscheinen. Ich beneidete die Schatten, die ihr Gesicht streicheln durften.

»Dort vorne müssen Sie links abbiegen«, sagte ich. Es waren meine ersten Worte, seit wir das Blockhaus verlassen hatten.

Endicott nahm den Fuß vom Gaspedal und bog von der Straße ab. Vor dem Lokal parkten schon einige Wagen. Als ich ausstieg, hörte ich Stimmengewirr und das Dudeln einer Musik=Box. Ich blieb zurück, um ihr und Endicott den Vortritt zu lassen. Wir legten in der kleinen Garderobe, die gleich hinter der Ein=gangstür war, unsere Mäntel ab. Ich weiß heute noch genau, welcher Schlager aus der Musik=Box kam, weil er das wieder=gab, was ich fühlte:

›Wenn ich an dich denke,
wird das Herz mir schwer . . .‹

Wir gingen in die Bar. Endicott warf für die erste Runde einen Schein hin. Ich bestellte Whisky und trank mein Glas in einem Zug leer. Als ich sofort die nächste Runde auf meine Kosten be=stellte, schauten mich Endicott und Rosemary verwundert an, denn sie hatten an ihrem Whisky noch nicht einmal genippt. Ich saß und hörte dem Schlager zu.

›Wenn ich deinen Namen höre,
kommen mir die Tränen . . .‹

Die Gäste waren alle Jäger. Sie waren laut und gutmütig. Die Unterhaltung drehte sich fast ausschließlich um die Jagd, um das Wild, das sie erlegt hatten, oder verwundet – oder verfehlt. Da=bei lachten sie dröhnend und stießen sich gegenseitig in die Rip=pen. Ihre Kleidung war so derb wie sie. Sie und ihre Frauen trugen dicke wollene Hemden und rote Hosen. Die Männer waren unrasiert und rochen nach Tannennadeln und Harz. Sie sprachen so laut, daß jeder jeden verstehen konnte. Und im Hin=tergrund plärrte die Musik=Box.

›Ich kann machen, was ich will,
mein Herz ist niemals still . . .
Ich kann dich nicht vergessen . . .‹

Es dauerte nicht lange, bis Endicott in ein Gespräch mit den anderen verwickelt war. Es entbrannte eine heftige Diskussion darüber, welches Gewehr für die Hirschjagd am besten wäre. Ich schüttete rasch hintereinander noch drei weitere Whisky in mich hinein. Der Alkohol verfehlte seine Wirkung nicht und versetzte mich in eine gelöste Stimmung. Die trüben Ge=danken verschwanden, und ich hätte glücklich sein können, wenn ich nicht gewußt hätte, daß sie wiederkehren würden, sobald die Wirkung des Alkohols verflogen war.

Ein paarmal suchte ich ihren Blick im Spiegel über der Bar, und jedesmal war ich es, der den Blick senkte. Dann drehte ich mich entschlossen zu ihr um und schaute sie direkt an.

Sie spielte gerade mit ihrem Whiskyglas und zeichnete feuchte Kreise auf das polierte Holz. Interessiert betrachtete sie ihr Werk. Nach einer Weile hob sie den Kopf, und unsere Blicke trafen sich. Ich glaubte, in ihrem Blick eine Botschaft für mich zu lesen.

»Würden Sie mit mir tanzen?« fragte ich.

Sie paßte in meine Arme wie für mich geschaffen, und ich fühlte dumpf, daß ich mit dieser Feststellung wieder einen Fehler machte.

»Was ist mit Ihnen los, Sam?« fragte sie, als wir uns auf der kleinen improvisierten Tanzfläche bewegten. »Ich habe gedacht, daß es Sie aufheitern könnte, wenn wir ausgehen. Denn um ehrlich zu sein: die Idee stammt von mir. Wollen Sie mir nicht sagen, was los ist?«

Die Schallplatte war zu Ende, und wir blieben stehen. Sie mußte meine Gedanken gelesen haben, denn als die nächste anfing, machte sie keine Anstalten, weiterzutanzen.

»Es ist hier sehr stickig«, sagte sie. »Ich glaube, ein wenig frische Luft täte mir gut ...«

Alle Autos waren von der kalten, feuchten Luft, die vom See herüberkam, mit einer Eisschicht überzogen.

Sie stand einen Schritt von mir entfernt und kehrte mir den Rücken zu. Es schien, als sei sie wieder in ihre seltsam traurigen Gedanken versunken.

Zuerst kämpfte ich gegen mein Verlangen an, aber dann überlegte ich, daß diese Chance wahrscheinlich nie wiederkommen würde. Ich legte meine Hände auf ihre Schultern und drehte sie langsam um. Dann nahm ich sie in meine Arme.

Ich glaube, sie hat sich zuerst gewehrt. Aber ich kann es heute nicht mehr genau sagen. Sie war so zart und zerbrechlich, und ich bemühte mich, ihr nicht weh zu tun. Auf alle Fälle waren ihre Lippen zuerst kühl und gleichgültig. Aber als sie dann warm und feucht wurden, wußte ich, daß ich mich nicht geirrt hatte.

Wir fuhren auseinander, als die Tür geöffnet wurde und der Lärm aus dem Lokal zu uns drang. Sie hatte es um den Bruchteil einer Sekunde früher als ich gemerkt und mich fast von sich gestoßen. Ich wirbelte herum, wie von der Tarantel gestochen, weil ich dachte, Endicott stünde in der Tür. Aber es war nur irgendein Paar, das an uns vorbeiging und in einen der Wagen stieg.

Schweigend gingen wir in das Lokal zurück.

Der Tag war so grau wie meine Gedanken.

Die Wolken hingen so tief, daß sie mit der Wildnis eins geworden zu sein schienen. Die Luft war feucht und kalt und bitter. Der Geruch des bevorstehenden Schneefalls lag über der unendlichen Weite des Landes.

Ich stand draußen und wartete auf Endicott, der sich ausgiebig von ihr verabschiedete. Er konnte sich immer nur widerstrebend von ihr lösen. Er stand mit ihr in der offenen Tür wie ein Gymnasiast, der seiner ersten Flamme ›Gute Nacht‹ sagte. Ich dachte daran, daß ich sie gestern abend in meinen Armen gehalten hatte, und konnte mich eines Grinsens nicht erwehren.

»Haben Sie nicht gehört, was sie Sie gefragt hat, Ludlow?«

Seine Stimme brachte mich auf den Boden der Wirklichkeit zurück. Ich löste meinen Blick vom See und wandte mich den beiden zu.

»Sie will wissen, ob Sie der Meinung sind, daß es heute schneit.«

Ich schaute sie an, aber ich konnte nichts in ihren Augen lesen. Nebenbei gesagt, war ich auch dafür viel zu weit von ihr entfernt. »Ich denke schon«, brummte ich.

»Wird es viel Schnee geben?« fragte sie.

»Das kann schon sein.« Ich war nicht gerade von überschäumender Höflichkeit.

Er küßte sie lange und heftig. »Bis später, Liebling«, sagte er.

»Sei vorsichtig, mein Lieber.«

Ich ging auf die Straße zu.

»Auf Wiedersehen, Sam.«

Für den Bruchteil einer Sekunde verzögerten sich meine Schritte, aber ich blieb nicht stehen. Ich drehte mich nicht einmal um. »Auf Wiedersehen«, rief ich.

Er machte keinerlei Anstalten, sich mit mir zu unterhalten, während wir nebeneinander herstapften. Er kam damit meinen

Wünschen sehr entgegen. Das einzige Geräusch war das Knirschen unserer Stiefel im Schnee.

Als wir zu dem Punkt kamen, an dem sich die Straße teilte, blieb ich stehen. Er schaute mich fragend an. »Heute wollen wir es einmal anders machen«, sagte ich. »Jeder soll sein Glück auf eigene Faust versuchen. Sie kennen das Gebiet inzwischen gut genug und werden kaum verlorengehen. Wenn Sie dem Verlauf der Straße folgen, kann überhaupt nichts passieren. Vielleicht stoße ich irgendwann wieder zu Ihnen. Dann führe ich Sie heim. Wenn nicht, gehen Sie denselben Weg an der Straße entlang zurück. Ich werde das Gehölz durchstöbern. Vielleicht stoße ich auf ein Wild, das ich Ihnen zutreiben kann. Ist Ihnen das recht?«

Er antwortete nicht, sondern schaute mich nur unverwandt an. Weiß er etwas? fragte ich mich. Durchschaut er den wahren Grund, der hinter meinem Vorschlag liegt? Begreift er, daß ich vor mir selber Angst habe, vor den Dingen, die ich vielleicht tun könnte?

Es fing langsam zu schneien an. Die ersten schweren Schneeflocken taumelten zwischen uns zu Boden. »Es ist mir recht, Ludlow«, sagte er langsam.

»Sie brauchen nicht auf mich zu warten«, sagte ich eifrig. »Sobald Sie keine Lust mehr zum Jagen verspüren, gehen Sie einfach zur Blockhütte zurück. Aber weichen Sie nicht von der Straße ab, weil Sie denken, Sie könnten den Rückweg abkürzen. Sie dürfen die Ausmaße der Wälder nicht unterschätzen. Wenn der Schnee erst einmal Ihre eigenen Spuren zugedeckt hat, würden Sie vielleicht nie den Rückweg finden.«

Er nickte und trottete davon.

Ich wählte einen Pfad, der sich durch das Gestrüpp, über einen Hügel und wieder durch Gestrüpp und über einen anderen Hügel schlängelte. In alten Zeiten hatten sich hier Pferdewagen mit quietschenden Rädern und müden, erschöpften Gäulen mühsam den Weg gebahnt. Die Pfade waren so alt wie die Erinnerungen, die sich an sie knüpften. Und eigentlich waren sie schon vergessen. Ich wünschte, daß man alle Erinnerungen vergessen könnte.

Ich nahm eine Spur auf, die nach Süden führte. Sie sah frisch aus. Als sie vom Pfad abwich, folgte ich ihr und tauchte im Gehölz unter.

Es schneite jetzt heftiger. Die Flocken waren größer geworden. Es würde nicht mehr lange dauern, bis der Schneefall zu einem dichten Schneetreiben anwachsen würde.

Nach einigen hundert Metern kreuzte meine Wildspur die Hauptstraße. Ich konnte deutlich die Fußstapfen erkennen, die Endicott kurz zuvor hinterlassen hatte.

Aber dann sah ich etwas, das mich erstarren ließ. Ich sah eine zweite Spur, die der des Mannes folgte. Und es war haargenau die gleiche, die mir gestern in der Lichtung aufgefallen war! Meine Kehle wurde trocken, als mir blitzartig zum Bewußtsein kam, was mich am Vortag unbewußt bei der Fährte gestört hatte.

Sie mußte von einem Jungen – oder einer Frau stammen!

Ich folgte ihr ...

Sie kauerte hinter einem Haufen vermoderter Äste, den traurigen Überresten einer ehemaligen Tanne. Sie hatte sich so aufs Zielen konzentriert, daß sie überhaupt nicht bemerkte, wie ich hinter sie trat.

Er stand auf der Hauptstraße und zündete sich gemächlich eine Zigarette an. Sein breiter Rücken in der roten Jacke war eine ausgezeichnete Zielscheibe.

In der lastenden Stille klang das Klicken überlaut, als sie das Gewehr entsicherte. Sie hatte ihren Fausthandschuh von der rechten Hand abgestreift; ihr Zeigefinger lag am Abzug.

Ich stürzte mich auf sie und konnte ihr im allerletzten Moment den Karabiner aus den Händen schlagen. Sie war so verdattert, daß sie sich nicht rührte. Ich hob den Karabiner vom Boden auf und hängte ihn mir über die Schulter.

Sie kroch durch den Schnee und lehnte sich an den Haufen vermoderter Äste. Ihre Augen waren weit aufgerissen, ihre geballte Faust preßte sich gegen den Mund. Sie stieß ein kurzes, keuchendes Geräusch aus. Das war der einzige Laut, den sie von sich gab.

Er hatte nicht die leiseste Ahnung, was sich hinter seinem Rücken abgespielt hatte. Ich warf einen Blick zur Straße und sah, daß er langsam weiterging. Sein Gewehr baumelte in der Armbeuge. Er schaute sich nicht ein einziges Mal um; und bald darauf war er meinen Blicken entschwunden.

Ich hatte in den letzten Tagen weiß Gott erfahren, was Seelenqualen sind. Aber das war alles nichts im Vergleich zu dem Blitzstrahl der Erkenntnis, der mich eben getroffen hatte.

Ich blickte fassungslos auf sie. Ich war verwundet; in tiefster Seele verwundet. Ich wußte, diese Wunde würde vernarben, aber niemals heilen. Und trotzdem merkte ich mit Erstaunen, daß ich sie nicht haßte. Ich durchschaute sie völlig, aber ich haßte sie nicht. Mein Gefühl für sie war so tief und echt gewesen, daß es nicht in Haß umschlagen konnte.

Ich flüchtete mich in Zynismus. »Sie können also nicht schießen«, sagte ich kalt. »Und Sie bekommen eine Gänsehaut, wenn man nur von einer Waffe spricht! Und Sie verlaufen sich, sobald Sie sich weiter als hundert Schritte von der Blockhütte entfernen!«

Ich schwieg erschöpft.

Es schneite immer heftiger. Dazu kam jetzt ein Wind auf. Unsere Spuren verschwanden im Schnee. Ich starrte auf die letzten Umrisse unserer Fußabdrücke. »Sie wollten ganz sichergehen, nicht wahr? Sie wollten jedes Risiko ausschalten, daß jemals ein Verdacht auf Sie fallen könnte, nicht wahr?« Meine Stimme schwoll an. »Darum haben Sie auch gestern nichts unternommen! Sie haben es auf heute verschoben! Heute ist es ja auch viel günstiger, weil der Schnee die Spuren verwischt. Sie haben an alles gedacht! Auch wenn trotzdem aus irgendeinem Grund ein Verdacht auf Sie gefallen wäre, hätte Ihnen nichts passieren können. Sie hatten vorgesorgt! Mein Karabiner! Wenn sie ihn irgendwann mit einem Geschoß im Körper gefunden hätten, wäre es für die Fachleute ein leichtes gewesen, die dazugehörige Waffe zu finden. Dann wäre ich dran gewesen, da Sie ja vom Schießen nicht die leiseste Ahnung haben!« Ich keuchte. »Sie können mich gerne unterbrechen, wenn mir irgendwo ein kleiner Gedankenfehler unterlaufen ist!«

Ihre Augen füllten sich mit Tränen, die sekundenlang an den Wimpern hängen blieben, ehe sie über ihre Wangen rollten. Sie schüttelte stumm den Kopf.

Zu einem anderen Zeitpunkt hätte mich ihr Verhalten wahrscheinlich gerührt, aber ich war innerhalb der letzten Minuten alt und weise geworden ...

»Sie haben nichts ohne Grund getan«, fuhr ich fort. »Sogar in der letzten Nacht, als Sie sich von mir küssen ließen und wir da=

bei gesehen wurden, verfolgten Sie einen bestimmten Zweck. Ich hätte ein Motiv gehabt, ihn umzubringen, nicht wahr? Eifersucht ist immer ein Motiv! Die beiden Zeugen unseres gestrigen tête-à-têtes hätte man ohne große Schwierigkeiten ausfindig machen können. Sie haben wirklich alles großartig eingefädelt . . .«

Ihre Lippen zuckten nervös. Sie hatten ihre rosa Farbe verloren und waren fast so weiß wie der Schnee, der auf ihr Gesicht fiel. Sie stammelte: »Ich liebe dich, Sam, ich liebe dich.«

»Wirklich?« fragte ich und fuhr schneidend fort: »Vielleicht ist es aber auch ein Mann aus Ihrem Heimatort. Wollten Sie es darum tun? Oder war *er* einfach zu alt? Wollten Sie *ihn* loswerden, aber sein Geld nicht verlieren?«

»Ich liebe dich, Sam. Das ist der einzige Grund. Bitte, Sam, glaube mir: ich liebe dich . . .«

Dann merkte sie, daß es zwecklos war. »Was werden Sie tun?« fragte sie beklommen.

»Von mir wird es keine Menschenseele erfahren, Rosemary. Niemals werde ich es erzählen. Außerdem: Wenn Ihr Wort gegen meins steht — was meinen Sie, wem man Glauben schenken wird? Kommen Sie!«

»Wohin? Wohin?«

»Zurück zur Hütte.«

So war es wirklich: Mein Wort würde gegen das ihre stehen. Ich vergegenwärtigte mir, wie vernarrt Endicott in sie war, und kam zu der Überzeugung, daß es überhaupt keinen Sinn hätte, ihm etwas davon zu erzählen. Es war so leicht für sie, alles zu ihren Gunsten zu verdrehen. Sie würde ihn wie ein verwundetes Reh mit ihren großen, traurigen Augen anschauen und ihre Schwäche und Zerbrechlichkeit ausspielen. Natürlich würde er ihr glauben und nicht mir!

Und sie würde es wieder versuchen! Selbstverständlich nicht auf dieselbe Masche, sondern bei einer anderen Gelegenheit auf eine andere Art und Weise. Und ich hatte nicht einmal die Möglichkeit, ihn zu warnen.

Wir stapften durch das Dickicht. Von der Hauptstraße war schon lange nichts mehr zu sehen. Auf einmal blieb sie zögernd stehen. »Das ist doch nicht der Rückweg«, sagte sie.

»Das ist der kürzeste Weg. Wir schneiden ein Stück ab«, sagte ich kurz.

Sie zögerte immer noch.

Ich brüllte sie an. »Merken Sie nichts von dem Sturm? Ich möchte so schnell wie möglich zum Blockhaus zurück! Kommen Sie nun oder nicht?«

Widerstrebend folgte sie mir. Das Dickicht wurde immer undurchdringlicher. In den Baumkronen über uns heulte der Sturm, aber unten in Bodennähe spürten wir ihn noch nicht. Wir befanden uns in einer anderen Welt. Es war ein Urwald aus Bäumen und Büschen und Büschen und Bäumen. Sie sahen alle gleich aus, so wie ein schmaler Pfad dem anderen glich. Die Sonne schien nicht zu existieren, um die Himmelsrichtung anzugeben. Selbst vom Himmel war nicht einmal etwas zu ahnen. Der Schnee wirbelte jetzt so dicht und schnell, daß sogar die Baumkronen im weißen Nichts verschwanden.

Ich beschleunigte meine Schritte.

»Sam!« rief sie. »Gehen Sie bitte etwas langsamer. Sam, ich komme nicht so schnell nach!« Jedes Wort war ein einziges Keuchen.

Ich ging noch schneller.

Sie schrie auf. »Sam!« Und sie begann zu laufen.

Ich rannte.

»Sam, Sam, Sam!« Sie strauchelte und fiel hin.

Ich rannte weiter.

»Sam! Sam! Sam!«

Ich rannte und rannte und strauchelte, rannte und rannte. Mein Gesicht schlug mit voller Wucht gegen einen tiefhängenden Ast. Und ich rannte weiter und hörte hinter mir ihre schrillen Schreie, die voller Entsetzen waren.

»SAM! SAM! SAM!«

Die Schreie wurden leiser und leiser, bis ich sie nur noch in meinem Geiste hörte.

Ich beteiligte mich an der Suchaktion; und er natürlich auch. Nach zwei Tagen hatte der Schneesturm aufgehört. Wir fanden sie schließlich. Sie lag auf der Seite zusammengerollt in einem Blätterhaufen. Ihre Hände waren zusammengefaltet und lagen wie ein Kissen unter ihrer Wange. Der Sheriff wischte behutsam den Schnee von ihrem Gesicht. Es sah aus, als würde sie schlafen. Ihre Augen waren geschlossen, um ihre schmalen Lippen lag ein trauriger Zug, und das ganze Gesicht strahlte Melancholie aus.

Ich wandte mich ab, weil mir die Tränen kamen. Es dachte sich keiner etwas dabei, denn wir waren alle ergriffen.

»Warum?« klagte er, und die Tränen liefen ihm über die Wangen. »Warum ist sie nur fortgelaufen? Warum, wo sie den Wald doch so sehr fürchtete? Warum? Kann mir das ein Mensch sagen?«

EVAN HUNTER

Kein Grund zum Lachen

Sie sollten niemals in Gegenwart eines sensiblen Menschen lachen oder zweideutig lächeln. Es könnte sein, daß er unter krankhaftem Mißtrauen leidet. Vielleicht käme er durch Ihre Unvorsichtigkeit auf Mordgedanken – die sich auf Sie beziehen könnten.

Der Manager war der Mann, den er am meisten haßte.

Zu dieser Erkenntnis war er in der letzten Nacht gekommen. Als er heute morgen, mit der Luger im Hosenbund, das Kaufhaus betrat, steigerte er sich so in den Haß auf den Manager hinein, daß er darüber alle anderen Haßgefühle, die er sonst noch hatte, völlig vergaß.

Es gab für ihn keinen Zweifel, daß der Manager Bescheid wußte. Die höhnische, gönnerhafte Behandlung, die die Folge dieses Wissens war, hatte den Haß entfacht und ihn ständig geschürt, bis er die Grenzen des Erträglichen überschritten hatte.

Die Luger erinnerte ihn stahlhart an seinen Entschluß.

Er hatte die Pistole in seinen guten Zeiten von einem Verehrer in Wien geschenkt bekommen. In seinen guten Zeiten hatte er viele Verehrer, die ihm Geschenke brachten. Er konnte sich noch an die guten Zeiten erinnern. Wenn seine Gedanken manchmal in die Vergangenheit zurückkehrten, versank er in einem Meer von wehmütigen Erinnerungen. Er sah die vielen Lichter vor sich, und in seinen Ohren klang der Applaus –

»Guten Morgen, Nick.«

Da war sie, die verhaßte Stimme.

Er blieb ruckartig stehen. »Guten Morgen, Mr. Atkins«, sagte er.

Atkins lächelte. Sein Lächeln bestand in einem schwachen

Kräuseln seiner blutleeren Lippen. Er hatte ein fades Gesicht, das durch die Andeutung eines mehr als spärlichen Schnurrbartes auch nicht interessanter wurde. Die schwarzen Haare des Managers waren kunstvoll gekämmt, um einige lichte Stellen zu verdecken. Er trug einen Anzug mit grauen Nadelstreifen. Er sah wie eine Karikatur sämtlicher Warenhaus-Manager der ganzen Welt aus. Um dieses Bild zu vervollständigen, trug er auch noch eine Nelke im Knopfloch.

Er lächelte immer noch. Es war ein Lächeln, das den anderen zur Weißglut bringen sollte.

»Fertig zum letzten Akt?« fragte er.

»Ja, Mr. Atkins.«

»Sie wissen doch, daß heute der letzte Akt kommt, nicht wahr, Nick?« fragte er lächelnd. »Dann fällt der eiserne Vorhang. Morgen ist alles vorbei. Dann fängt das normale Leben wieder an.«

»Ja, Mr. Atkins«, sagte er. »Heute kommt der letzte Akt.«

»Aber Zugaben kommen nicht in Frage, Nick.«

Er hieß gar nicht Nick. Sein Name war Randolph Blair. Blair, ein Name, der in großen Lettern über den Theatern in vier Kontinenten gestanden hatte. Atkins wußte das. Er hatte es wahrscheinlich schon an dem Tag gewußt, als er ihm den Posten gab. Und da er es wußte, sollte das ›Nick‹ als zusätzlicher Stachel auf seinen jetzigen Lebensstandard anspielen. Diese Spitzfindigkeit, die eher einer Holzhammermethode glich, sollte so etwas ausdrücken wie »Wie tief sind Sie gesunken!«.

»Ich heiße nicht Nick«, sagte er müde.

»Nein?« Atkins schnippte mit den Fingern. »Ich bin so vergeßlich. Wie war doch gleich Ihr Name? Randolph Dingsbums — äh, Clair? Flair? Shmair? Helfen Sie mir, ich komme nicht drauf. Wie heißen Sie, Nick?«

»Mein Name ist Randolph Blair«, sagte er würdevoll. Er betonte es, als wäre er Hamlet und würde den Prinzen von Dänemark ankündigen. Er dachte an seine Glanzzeit, als der Name Randolph Blair wie eine Zauberformel von Stadt zu Stadt, von Land zu Land, von Kontinent zu Kontinent geeilt war. Wenn er irgendwo hinkam, fingen die Hände der Hotelangestellten an zu zittern, kleine Mädchen hefteten sich an seine Fersen, und sogar die Telefonistinnen wurden respektvoller, wenn sie den Namen hörten. Randolph Blair! Vor seinem geistigen Auge erschien der Name in riesigen Leuchtbuchstaben. Dann flackerten die Lichter, verblaßten — und er kehrte wieder in die Wirklichkeit zurück. Er spürte deutlich die Pistole an seiner Seite. Er lächelte schwach.

»Sie kennen doch meinen Namen, Mr. Atkins, nicht wahr?«

»Doch, doch — ich kenne ihn«, sagte Atkins. »Ich höre ihn manchmal.«

Sein Interesse war plötzlich erwacht. »Ja?« fragte er begierig.

»Ja. Hin und wieder höre ich Leute, die fragen: ›Was ist eigentlich aus Randolph Blair geworden?‹ Ich kenne Ihren Namen.«

Er verspürte das unbändige Verlangen, Atkins einen Giftpfeil durch die Gurgel zu jagen und die Wirkung abzuwarten. ›Was ist eigentlich aus Randolph Blair geworden?‹ war vor knapp zwei Wochen der Titel einer Unterhaltungssendung im Fernsehen, die großen Beifall geerntet hatte. Randolph Blair, der unsterbliche Randolph Blair! Was war er jetzt? Ein Nichts! Ein Gag für einen Komiker im Fernsehen! Ein vergessener Name, ein vergessenes Gesicht.

Aber Atkins würde den Namen Randolph Blair nicht vergessen! Bis in alle Ewigkeit würde er sich an den Namen, an das Gesicht und an die große Macht erinnern!

»Treiben Sie ...«, begann er. Er sprach den Satz nicht zu Ende.

»Treiben Sie was?«

»Treiben Sie es nicht zu weit, Mr. Atkins.«

»Wie meinen Sie das, Nick?« fragte Atkins scheinheilig.

»Hören Sie mit diesem ›Nick‹ auf!«

»Entschuldigen Sie, Mr. Blair«, sagte Atkins. »Verzeihen Sie mir, Mr. Blair. Ich hatte vergessen, mit wem ich mich unterhalte. Ich dachte, ich rede mit einem alten Säufer, der das Glück hatte, für ein paar Wochen ...«

»Hören Sie auf!«

»... Arbeit zu finden. Ich hatte vergessen, daß ich mich mit Randolph Blair unterhalte, *dem* Blair, dem größten Säufer im ganzen ...«

»Ich bin kein Säufer!« brüllte er.

»Natürlich sind Sie einer«, sagte Atkins. »Mir können Sie nichts vormachen. Ich kenne mich aus. Mein Vater war einer. Ein Trinker mit beginnender Gehirnerweichung. Ein schreiender, hysterischer Säufer. Ich bin damit aufgewachsen, Nick. Ich habe erlebt, wie der alte Mann mit seinen Phantasie-Ungeheuern gekämpft hat. Er hat meine Mutter langsam, aber sicher unter die Erde gebracht. Erzählen Sie mir nichts von Säufern! Auch wenn es die Zeitungen nicht in die Welt hinausposaunt hätten, hätte ich sofort erkannt, daß Sie ein Säufer sind.«

»Warum haben Sie mich dann genommen?«

»Der Posten war frei, und ich dachte, Sie könnten ihn ausfüllen.«

»Sie haben mich angestellt, damit Sie mich schikanieren können.«

»Werden Sie nicht kindisch«, sagte Atkins.

»Sie täuschen sich, wenn Sie denken, ich bin der Typ, der sich schikanieren läßt.«

»So, täusche ich mich?« fragte er sanft. »Sind Sie einer von den rabiaten Säufern? Gehören Sie zu der aggressiven Sorte? Mein Vater war zu Anfang so einer. Er griff jeden im Haus an. Nur gegen eine volle Flasche konnte er nicht ankämpfen. Das änderte sich, als die weißen Mäuse kamen und die Würmer, die er aus der Wand kriechen sah. Er verwandelte sich dann in ein schreiendes, weinendes Baby, das sich in die Arme meiner Mutter flüchtete. Sind Sie wirklich ein rabiater Säufer, Nick?«

»Ich bin überhaupt kein Trinker«, sagte er. »Sie wissen, daß ich, seit ich den Posten hier habe, keinen Tropfen angerührt habe.«

»Und warum nicht? Haben Sie Angst, Sie könnten die Vorstellung schmeißen?« Atkins lachte hämisch. »Das hat Sie doch früher nicht gestört.«

»Die Dinge liegen anders«, sagte er und beherrschte sich mühsam. »Ich — wünsche mir sehnlichst — ein Comeback. Ich — ich habe hier diese Arbeit angenommen, weil — weil — ich wollte wieder entdecken, wie es ist, wenn man etwas tut. Sie sollten mich nicht quälen. Sie können nicht wissen, was Sie mit dieser Schikane anrichten.«

»Ich quäle Sie? — Ich schikaniere Sie? — Nick, Sie müssen sich von dieser fixen Idee befreien. Ich habe Ihnen doch diesen Posten gegeben, oder nicht? Aus einem Riesenberg Bewerbungen habe ich Sie ausgesucht. Warum um alles in der Welt sollte ich Sie dann quälen wollen? Das ist schierer Unsinn, Nick.«

»Ich habe saubere Arbeit geleistet«, sagte er und hoffte, daß Atkins die richtigen Worte finden würde, Worte, die den Haß vernichten könnten. »Mr. Atkins, Sie wissen, daß ich saubere Arbeit geleistet habe.«

»Was Sie nicht sagen«, murmelte Atkins. »Ich bin der Meinung, daß Ihre Arbeit eine einzige Pfuscherei war. Um ehrlich zu sein, halte ich alles, was Sie getan haben, für Pfuscherei. Für meine Begriffe waren Sie der letzte Schmierenkomödiant.«

In diesem Augenblick unterschrieb Atkins sein eigenes Todesurteil.

Während des ganzen Tages, als er in seinem Stuhl saß, sich Tausende von törichten Fragen anhören mußte und von Tausenden stumm angestarrt wurde, dachte er nur daran, daß er Atkins heute noch umbringen würde. Er verrichtete seine Arbeit wie ein Automat und blickte mit gütigem Lächeln in sein Publikum. Seine Gedanken waren nicht bei der Sache, sondern konzentrierten sich auf die Einzelheiten seines Mordplans.

Es hatte sehr viel Ähnlichkeit mit dem Auswendiglernen einer Rolle.

Er wurde nicht müde, im Geiste immer wieder jeden einzelnen Teil der Handlung zu proben. Um fünf Uhr würden sich die Pforten des Warenhauses schließen. Die Angestellten würden darauf bedacht sein, das Haus so pünktlich wie möglich zu verlassen, um zu ihren Familien zu fahren. Die letzten Tage waren anstrengend und aufreibend gewesen. Das war mit dem heutigen Tag vorbei, und das Heer der Angestellten würde in die Straßen fluten und in den Schächten der Untergrundbahnen untertauchen, um schnell zu ihren Lieben zu kommen, die sie schon sehnsüchtig erwarteten. Bei diesem Gedanken durchströmte ihn ein heftiges Selbstmitleid. Wo sind die Menschen, die mich lieben? fragte er sich voller Bitterkeit. Wer erwartet mich heute abend?

Irgend jemand redete auf ihn ein. Er schaute hinunter und nickte.

»Ja, ja«, sagte er mechanisch. »Und was noch?«

Die Person redete unaufhörlich weiter. Er hörte mit halbem Ohr zu, nickte hin und wieder und lächelte, lächelte, lächelte.

In seinen guten Zeiten gab es viele Menschen, die ihn liebten.

Hauptsächlich die Frauen! Zahllose Frauen. Reiche Frauen und junge Frauen. Huren und frische junge Mädchen. Wo war er heute vor zehn Jahren gewesen? War es in Kalifornien? Ach ja, richtig, der Vertrag mit der Filmgesellschaft. Es war ihm eigenartig vorgekommen, diese Jahreszeit in einem Land voller Sonnenschein zu verbringen. Und durch ihn war der Film geplatzt. Das hatte er nicht gewollt, weiß Gott nicht. Aber man konnte keinen Film drehen, wenn der Star tagelang betrunken war und nicht zu den Aufnahmen erschien.

Der Star.

Randolph Blair.

Heute würde er wieder ein Hauptdarsteller sein: der Mörder. Aber er würde ein Mörder mit Format sein. Wenn die Käufer verschwunden, die endlosen Fragen aufgehört und die Pforten des Warenhauses geschlossen sein würden, dann begann sein Auftritt. Er würde sich nicht einmal umziehen, sondern in dieser Aufmachung in Atkins Büro gehen. Er würde seine Lohntüte in Empfang nehmen und Atkins erschießen. Danach würde er einfach auf die Straße gehen. In den Straßen war er sicher. Er, Randolph Blair, dessen Gesicht einst Millionen kannten, konnte heute in den Straßen unerkannt untertauchen. Es wäre eine Ironie des Schicksals.

Gegen halb fünf Uhr begann es im Warenhaus ruhiger zu werden. Er war völlig erschöpft. Ihn hielt nur der Gedanke munter, daß er in Kürze Mr. Atkins töten würde.

Um dreiviertel fünf beantwortete er die letzte Frage.

Sobald er allein war, lockerte er die Gesichtsmuskeln, und das Lächeln verschwand. Er starrte auf die große Wanduhr. Zehn Minuten vor fünf. Acht Minuten vor fünf. Drei Minuten vor fünf. Eine Minute vor fünf!

Er wälzte seinen unförmigen Körper aus dem Stuhl und watschelte auf die Fahrstühle zu. Die anderen Angestellten überprüften kurz ihre Lohnabrechnungen und drängten dann aus dem Haus. Er drückte auf den Fahrstuhlknopf und wartete.

Die Tür glitt auseinander. Der Fahrstuhlführer lächelte automatisch.

»Haben Sie's geschafft. Ist alles vorbei?« fragte er.

»Ja, es ist alles vorbei«, sagte Blair.

»Holen Sie Ihre Tüte ab? Wollen Sie zur Kasse?«

»Ich bekomme mein Geld von Mr. Atkins persönlich«, murmelte er.

»Nanu? Wie kommt denn das?« fragte der Fahrstuhlführer verblüfft.

»Er wollte es so haben.«

»Vielleicht hofft er, daß Sie es dann gut mit ihm meinen?« sagte der Fahrstuhlführer und wollte sich ausschütten vor Lachen.

Er lachte nicht mit, denn er wußte nur zu genau, warum ihm Mr. Atkins den Lohn selber auszahlen wollte. Es bereitete Mr. Atkins ein teuflisches Vergnügen, Randolph Blair – einem Mann, der einst fünftausend Dollar in der Woche verdient hatte – eine Lohntüte zu überreichen, die neunundvierzig Dollar und zweiunddreißig Cents enthielt.

»Also Erdgeschoß?« fragte der Fahrstuhlführer.

»Ja, Erdgeschoß.«

Er verließ eilig den Lift und ging geradewegs auf Mr. Atkins' Büro zu. Er stellte mit einem grimmigen Lächeln fest, daß die Sekretärin aus dem Vorzimmer schon gegangen war, und klopfte an Atkins' Tür.

»Wer ist da?«

»Ich«, sagte er, »Blair.«

»Ah, Nick. Herein! Herein!« Mr. Atkins' Stimme klang sehr fröhlich

Er öffnete die Tür und betrat das Büro.

»Sie wollen sicher Ihr Geld abholen?« fragte der Manager.

»Ja.«

Am liebsten hätte er seine Luger sofort hervorgezogen und Atkins umgelegt, aber er unterdrückte den Wunsch und wartete.

»Erst einen kleinen Drink, Nick?« fragte Atkins.

»Nein«, antwortete der kurzangebunden.

»Ein Gläschen in Ehren kann niemand verwehren.« Mr. Atkins kicherte.

»Ich trinke nicht«, sagte er scharf.

»Das hat mein Vater auch immer behauptet.«

»Ich bin aber nicht Ihr Vater.«

»Das weiß ich auch«, sagte Atkins leichthin. »Seien Sie friedlich und trinken Sie ein Glas. Ihre Arbeit bei uns ist jetzt vorbei.

Die Vorstellung ist aus.« Er betonte das Wort grinsend. »Sie dürfen also ein wenig trinken. Es gibt keinen, der heute nicht trinkt.«

»Nein.«

»Warum denn nicht? Kommen Sie schon. Ich versuche . . .«

Atkins brach ab. Seine Augen weiteten sich. Blair hatte die Luger beachtlich schnell hervorgezogen. Er starrte auf die Pistole.

»W—was ist denn das?«

»Das ist eine Pistole«, sagte Blair mit kalter Stimme. »Geben Sie mir meinen Lohn!«

Atkins zog hastig eine Schublade auf. »Aber natürlich — sicher — sicher . . . Sie haben doch nicht etwa gedacht . . . daß ich Ihnen Ihren Lohn vorenthalten will. Sie . . .«

»Geben Sie mir mein Geld!«

Atkins ließ die Lohntüte auf den Tisch fallen, als hätte er heißes Eisen in den Händen gehabt. Blair steckte sie ein.

»Und das ist für Sie.« Blair feuerte drei Schüsse ab. Atkins sackte zusammen, sein Oberkörper schlug auf die Tischplatte.

Die Ungeheuerlichkeit seiner Rolle kam ihm zum Bewußtsein und ließ ihn erstarren. Die Tür! Die Tür! Ihn überfiel die nackte Angst. Er mußte zur Tür kommen! Er stolperte über den Papierkorb, aber seine herumfuchtelnden Arme verschafften ihm wieder die nötige Balance und verhinderten, daß er hinschlug.

Er brauchte nicht hektisch zu überlegen, wie er am besten aus dem Kaufhaus herauskam, denn er hatte bei seinen Vorausplanungen die Route schon festgelegt. Haltung! befahl er sich. Pose! Selbstbeherrschung! Vergiß nicht, daß du Randolph Blair bist!

Die Verkaufstische waren mit grauen Schutzhüllen zugedeckt. Sie erinnerten ihn an einen toten Körper. Atkins! Er stand schon wieder kurz davor, die Nerven zu verlieren. Nur fort von hier! Aber er besaß so viel Geistesgegenwart, sich klarzumachen, daß er nicht wie ein Verrückter aus dem Warenhaus stürzen konnte, ohne aufzufallen. Nachdem er aber den Anblick der mit Schutzhüllen bezogenen Tische auch nicht ertragen konnte, zog er sich vorsichtshalber erst einmal in die Toilette zurück.

Er hatte keine Ahnung, wie lange er sich dort aufgehalten hatte, aber als er herauskam, war er überzeugt, daß er sich wieder unter Kontrolle hatte. Sein Gang hatte die ruhige Sicher=

heit eines Schauspielers, der seine Rolle gut beherrschte. In seinem Inneren war der Schauspieler Blair irgendwo unzufrieden. Es mißfiel ihm, daß er sich ein paarmal bei dieser Rolle wie ein Schauspielschüler mit Lampenfieber benommen hatte. Als er ins Freie trat, schlug ihm eine bissige Kälte entgegen. Es würde bald schneien. Er holte tief Luft und musterte die Leute, die, mit vielen Paketen beladen, daherhasteten.

Plötzlich hörte er Gelächter. Es war ein hohes, durchdringendes Kinderlachen. Er drehte sich um und sah den lachenden Jungen, der an der Hand seiner Mutter ging. Er sah das blasse Gesicht und den kleinen Zeigefinger, der auf ihn gerichtet war.

Andere wurden aufmerksam und stimmten dann in das Lachen ein.

Er stand neben einem Schaufenster, in dem ein festlich geschmücktes Karussell aufgebaut war, das sich in diesem Moment in Bewegung setzte. Die dazugehörige Musik schmetterte los und vermischte sich mit dem Gelächter. Die Ansammlung um Blair wurde immer größer.

Er fühlte sich von einem Strudel eingefangen, dessen Sog er nicht entrinnen konnte. Alles schien sich gegen ihn verschworen zu haben, um ihn zu vernichten. Er sah keine Möglichkeit, sich dem lachenden, lärmenden Kreis zu entziehen.

Der Anblick von zwei Polizisten, die aus dem Warenhaus kamen, brachte ihn um den Rest seines Verstandes. Sie kamen auf ihn zu und nahmen ihm die Luger ab. Und selbst als er schon entwaffnet und gefesselt war, kam ihm das Ganze so unwirklich vor, daß er glaubte, es müßte zu der dramatischen Rolle, die er spielte, gehören.

Aber er hatte sich seine dramatische Rolle sehr leicht gemacht, denn er trug dasselbe, was zur gleichen Zeit dreitausend Männer in der Stadt anhatten: die rote Jacke und den roten Mantel, den schwarzen Gürtel und die schwarzen Stiefel eines Warenhaus-Weihnachtsmannes. Um in der Anonymität der anderen unterzutauchen, fehlte ihm nur der weiße Bart. Und den hatte er verloren, als er in Atkins Zimmer über den Papierkorb gestolpert war.

Und natürlich ist für jedes Kind — und auch für manche Erwachsene — ein Weihnachtsmann ohne Bart ein Grund zum Lachen.

Simenon Kriminalromane

Eine Auswahl der beliebten Kommissar-Maigret-Kriminalromane als Heyne-Taschenbücher.

k 13
Maigret und der Kopflose

k 14
Maigret und sein Revolver

k 15
Maigret und die Bohnenstange

k 51
Maigret in der Liberty-Bar

k 53
Maigret und die alten Leute

k 55
Maigret und der tote Herr Gallet

k 59
Maigret im Luxushotel

k 61
Maigret und der faule Dieb

k 67
Maigret und der Verrückte

k 69
Maigret und die braven Leute

k 71
Maigret
und sein Sonnabend-Besucher

k 77
Maigret ist wütend

k 79
Maigret bei den Flamen

k 81
Maigret und der Clochard

k 91
Maigret unter den Anarchisten

k 93
Maigret tappt im dunkeln

k 96
Maigret und das Verbrechen an Bord

k 97
Maigret und der geheimnisvolle Kapitän

k 98
Maigret verteidigt sich

k 99
Maigret hat Geduld

k 100
Maigret
und das Dienstmädchen

k 101
Maigret
verliert eine Verehrerin

k 122
Maigret und die Spinnerin

k 123
Maigret und der Weinhändler

Preis je Band DM 3,80

Wilhelm Heyne Verlag · Türkenstraße 5–7 · 8000 München